REVUE DU CRIEUR

À cor et à cri

Dix numéros, trois ans d'existence, cent dix articles, quatre-vingt-dix auteurs, cinq continents, huit portfolios photographiques, sept mille exemplaires vendus de chaque livraison… *Le Crieur* n'a pas à rougir de son bilan chiffré. Mais celui-ci ne saurait, seul, refléter le territoire parcouru.

Dans la tête de la NSA, du pape François ou de Pierre Rabhi. Dans les coulisses de l'Académie française, de l'Opéra de Paris ou du Centre Pompidou. À la découverte des survivalistes de la Silicon Valley, du succès du Talmud en Corée du Sud ou de la science-fiction africaine. À la recherche de ce que lisent les patrons, de ce que croient (encore) les économistes ou de ce que pensent (vraiment) les djihadistes. À la pointe des humanités numériques, des rêves algorithmiques et de nos inconscients digitaux. À l'assaut de la pensée d'Agamben, de la collapsologie ou de la polémologie. À l'attaque de Joann Sfar, Caroline Fourest ou Michel Onfray.

Trois années de *Revue du Crieur*, c'est tout cela, mais ce sont encore des enquêtes pionnières sur les querelles de l'islamologie française, l'écologie réactionnaire ou le retour de Marx aux États-Unis, qui ont infusé, à défaut d'être toujours mentionnées, dans les pages Idées de quotidiens et d'hebdomadaires prestigieux.

Le retour d'expérience ne serait pas complet sans évoquer les soupçons d'antisémitisme aussi infamants que fantasmés lancés par *Charlie Hebdo* et une mise en parallèle avec *Causeur* dressée sans vergogne dans les pages Débats du *Monde*, que les historiens des Idées du futur regarderont en riant ou en pleurant.

Enfin, *last but not least*, une entrée fracassante dans la culture populaire avec, notamment, pour ne parler que des éléments repérés par la rédaction, un gros plan sur le numéro 4 de la revue tenu par Agnès Jaoui dans le film *Aurore* et une commande de papier fictive adressée au narrateur de *BettieBook*, le dernier roman de Frédéric Ciriez.

Merci à tous les auteurs, à tous les lecteurs, et en route pour dix prochains numéros qui continueront à renouveler le journalisme culturel, réinventer l'investigation philosophique, bousculer le débat d'idées et déboulonner les statues intellectuelles rouillées.

SOMMAIRE

LES AUTEUR·E·S

Margo Chou est artiste. Ses recherches engagent l'écriture et la parole sous différentes formes tout en prenant l'espace de la représentation comme un espace supplémentaire de vie. Elle a écrit le solo *Je me suis réfugiée là, là, là*.

Cécile Diguet est urbaniste et chercheuse associée au Laboratoire infrastructure architecture territoire à l'Ensa Paris-Malaquais.

Jean-Pierre Filiu est professeur en histoire du Moyen-Orient contemporain à Sciences Po Paris, après avoir enseigné à Columbia (New York) et à Georgetown (Washington). Ses travaux sur le monde arabo-musulman ont été publiés dans une douzaine de langues.

Mara Hvistendahl est journaliste et écrivaine. Américaine, elle a vécu à Shanghai pendant huit ans. Elle est l'auteure de *Unnatural Selection : Choosing Boys Over Girls*, and the *Consequences of a World Full of Men* (PublicAffairs, 2011).

Fanny Lopez est docteure en histoire de l'art, maîtresse de conférences en histoire et théories de l'architecture et de l'urbanisme à l'École d'architecture de la ville et des territoires à Marne-la-Vallée.

Alain Mabanckou est écrivain et poète. Il enseigne également à l'université UCLA à Los Angeles. Il est notamment l'auteur de *Penser et écrire l'Afrique aujourd'hui* (Seuil, 2017).

Achille Mbembe est professeur d'histoire et de science politique à l'université de Witwatersrand à Johannesburg (Afrique du Sud). Il est notamment l'auteur de *Politiques de l'inimitié* (La Découverte, 2016). Ses livres ont fait l'objet de plusieurs traductions en langues étrangères.

Antoine Pecqueur est journaliste, spécialisé en économie de la culture. Après avoir collaboré au *Monde*, il tient les chroniques « Culture éco » et « Le chiffre de la semaine » sur France Musique et est reporter pour RFI.

Christian Raimo vit à Rome où il est enseignant, écrivain et journaliste. Il est notamment l'auteur de *Tutti i banchi sono uguali* (Einaudi, 2017).

Matthieu Renault est maître de conférences en philosophie à l'université Paris-8 Vincennes-Saint-Denis, membre du Laboratoire d'études et de recherches sur les logiques contemporaines de la philosophie.

Mathieu Rigouste est chercheur indépendant en sciences sociales. Il est l'auteur de *L'Ennemi intérieur. La généalogie coloniale et militaire de l'ordre sécuritaire dans la France contemporaine* (La Découverte, 2009) et de *La Domination policière. Une violence industrielle* (La Fabrique, 2011).

Guillaume Sibertin-Blanc est professeur en philosophie à l'université Paris-8 Vincennes-Saint-Denis, membre du Laboratoire d'études et de recherches sur les logiques contemporaines de la philosophie et codirecteur de la revue *Actuel Marx*.

Françoise Vergès est titulaire de la chaire Global South(s) au Collège des études mondiales (FMSH). Elle est l'auteure du *Ventre des femmes* (Albin Michel, 2017).

Nadia Yala Kisukidi est maîtresse de conférences en philosophie à l'université Paris-8 Vincennes-Saint-Denis. Elle a publié *Bergson ou l'humanité créatrice* (CNRS éditions, 2013) et prépare un livre sur la question noire .

BIENVENUE DANS L'ENFER DU *SOCIAL RANKING*

Quand votre vie dépend de la façon dont l'État vous note

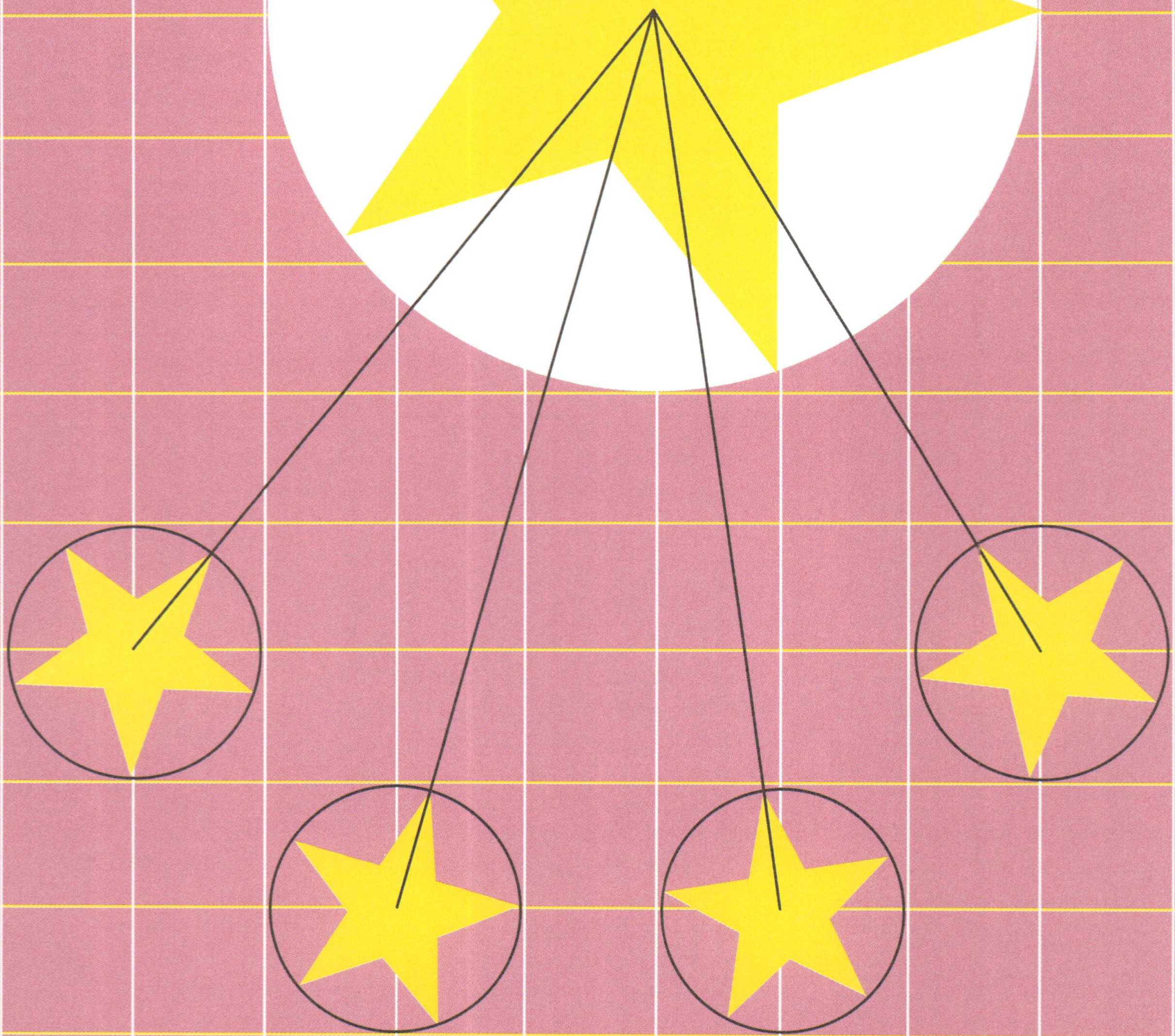

PAR **MARA HVISTENDAHL** TRADUIT PAR **MARC SAINT-UPÉRY**

Dans « Nosedive », un épisode de la série télévisée dystopique *Black Mirror*, Lacie Pound, une Emma Bovary 2.0, rêve de pouvoir acquérir un appartement luxueux et de rejoindre les hautes sphères de la jeunesse en vue. Mais pour cela, elle doit être bien « notée » sur les réseaux sociaux. Toute interaction est l'occasion d'évaluer son interlocuteur : a-t-elle été polie avec sa voisine ? Son chef est-il content de son travail ? Les efforts de la jeune femme tournent inévitablement au désastre et l'effondrement de sa note la relègue au rang de paria. En Chine, aujourd'hui, le scénario catastrophe de la série événement britannique est déjà une réalité : par le biais d'applications pour smartphones, l'État, en partenariat avec des entreprises privées, note les citoyens. Et ce classement social a des implications concrètes : pouvoir louer un vélo, obtenir un prêt, accéder à certains services sociaux, s'inscrire sur un site de rencontres… Plongée vertigineuse dans la nouvelle gouvernementalité numérique.

En 2015, lorsque Lazarus Liu rentra en Chine après avoir étudié trois ans la logistique au Royaume-Uni, il se rendit bientôt compte que quelque chose avait changé : tout le monde payait ses achats avec son téléphone. Que ce soit chez McDonald's, à l'épicerie du coin ou même dans les petits bouis-bouis de quartier, ses amis de Shanghai utilisaient le paiement par portable. L'argent liquide, constatait Liu, avait été largement remplacé par deux applications pour smartphones : Alipay et WeChat Pay. Un jour, dans un marché aux légumes, il vit une dame de l'âge de sa mère sortir son téléphone afin de payer ses courses. Il décida de s'y mettre lui aussi.

Afin d'obtenir une carte d'identité Alipay, Liu dut saisir son numéro de portable et scanner sa carte d'identité nationale. Il le fit en toute connaissance de cause : Alipay s'était construit une réputation de fiabilité et, comparé à une banque gérée avec une indifférence apathique et zéro souci du service à la clientèle, devenir utilisateur d'Alipay était presque un plaisir.

En quelques clics, le tour était joué. Le slogan d'Alipay résumait bien son expérience: «*La confiance simplifie les choses.*»

Alipay s'avéra tellement pratique que Liu se mit à l'utiliser plusieurs fois par jour, en commençant dès l'aube par commander son petit-déjeuner par le biais d'une application de livraison de plats à domicile. Il se rendit compte qu'il pouvait payer le stationnement de sa voiture grâce à la fonction My Car d'Alipay. Il ajouta donc à son profil d'utilisateur son numéro de permis de conduire, sa plaque d'immatriculation et le numéro de moteur de son Audi. Il commença à payer les primes de son assurance automobile avec la même application. Il réserva ses rendez-vous médicaux avec Alipay, évitant ainsi les queues anarchiques qui sont la plaie des hôpitaux chinois. Il incorpora ses amis au réseau social intégré d'Alipay. Lorsqu'il partit en vacances en Thaïlande avec sa fiancée (qu'il a épousée depuis), leurs factures de restaurants et leurs achats de souvenirs furent réglés *via* Alipay. L'argent qui lui restait – pas grand-chose une fois payées les vacances et la voiture –, il le mit sur le compte épargne à haut rendement d'Alipay. Il aurait aussi fort bien pu s'acquitter de ses factures d'électricité, de gaz et d'Internet grâce à la fonction City Service d'Alipay. Comme beaucoup de jeunes Chinois séduits par les services de paiement en ligne offerts par Alipay et WeChat, Liu cessa de prendre son portefeuille lorsqu'il sortait de chez lui.

Si vous vivez aux États-Unis, vous êtes déjà habitué à céder vos données à des entreprises. Les sociétés de cartes de crédit connaissent votre consommation de boissons alcoolisées et savent si vous achetez des jouets sexuels. Facebook sait si vous aimez les vidéos culinaires de YouTube ou les infos de Breitbart News. Uber connaît vos destinations et votre comportement en tant que passager. L'application Alipay détient elle aussi ce type d'informations sur ses utilisateurs, mais elle en sait bien plus encore. Propriété de Ant Financial, une filiale du géant du commerce en ligne Alibaba, Alipay est parfois décrite comme une «super application». Sa principale concurrente, WeChat, appartient à la multinationale de services Internet et de jeux en ligne Tencent. Mais, bien plus que de simples applications, Alipay et WeChat sont de véritables écosystèmes. Chaque fois que Liu cliquait sur Alipay sur son téléphone, il voyait apparaître une série d'icônes dont l'ordonnancement ressemblait vaguement à l'écran d'accueil de son Samsung. Certaines de ces icônes étaient elles-mêmes des applications de sociétés tierces. S'il le voulait, il pouvait ainsi accéder à Airbnb, Uber ou Didi, le concurrent chinois d'Uber, sans sortir d'Alipay: un peu comme si Amazon avait avalé eBay, Apple News, Groupon, American Express, Citibank et YouTube et pouvait siphonner toutes leurs données.

La transformation du système bancaire chinois

Un jour, une nouvelle icône apparut sur l'écran d'accueil Alipay de Liu: Zhima Credit (Zhima signifie «Sésame»). Ce nom, comme celui de la maison-mère d'Alipay, évoque l'histoire d'Ali Baba et des quarante voleurs, dans laquelle « Sésame, ouvre-toi » est la formule magique qui donne accès à une caverne pleine de trésors. Quand Liu effleura l'icône, il fut accueilli par une image de la planète Terre accompagnée du texte suivant : « *Zhima Credit est l'incarnation du crédit individuel. Nous avons recours aux méga-données* [big data] *pour effectuer une évaluation objective. Plus votre score est élevé, plus vous avez de crédit.* » Un peu plus bas s'affichait un bouton accompagné de la légende : « *Votre voyage dans le monde du crédit commence.* » Liu appuya dessus.

« VOTRE VOYAGE DANS LE MONDE DU CRÉDIT COMMENCE. »

En 1956, un ingénieur en électricité, Bill Fair, et un mathématicien, Earl Isaac, créèrent une PME de technologie depuis leur appartement de San Francisco. Ils la baptisèrent Fair, Isaac and Co. mais elle finit par se faire connaître sous le sigle de FICO. Leur innovation principale consistait à recourir à l'analyse statistique informatisée afin de traduire le profil client et l'histoire financière d'un individu par une notation simple permettant de prédire la probabilité que celui-ci rembourserait (ou non) ses emprunts. Avant FICO, les organismes de crédit n'avaient comme source d'informations que les propos colportés par les propriétaires, les voisins et les commerçants du quartier. Les candidats à un prêt pouvaient être discriminés sur la base de leur identité raciale, de leur propension à être organisé ou désordonné, de leurs mœurs répréhensibles ou de leurs « gestes efféminés ». La notation algorithmique de Fair et Isaac offrait, selon ses inventeurs, une voie plus scientifique et plus équitable que ces pratiques injustes. Leur approche finit par attirer l'attention des grandes agences d'évaluation – TransUnion, Experian et Equifax – et, en 1989, FICO introduisit le système de pointage de crédit que nous connaissons aujourd'hui et qui a permis à des millions d'Américains de contracter des emprunts hypothécaires et de laisser filer leurs découverts.

De son côté, au cours des trente dernières années, la Chine est passée au rang de deuxième économie mondiale sans posséder de système de crédit opérationnel. La Banque populaire de Chine, principal régulateur bancaire du pays, tient des registres sur des millions de consommateurs, mais ils contiennent très peu d'informations pertinentes. Jusqu'à récemment, il était difficile d'obtenir une carte de crédit. Les consommateurs avaient principalement recours à l'argent liquide. Avec l'envolée des prix du logement, cette situation devint de plus en plus intenable. « *Maintenant, vous avez besoin de deux valises de billets pour acheter une maison, et plus d'une seule* », explique Zennon Kapron, qui dirige le cabinet de conseil en technologies financières Kapronasia. Mais tous les efforts en vue d'établir un système de crédit fiable avaient jusqu'ici échoué en raison de l'absence d'une agence de notation indépendante. En revanche, fin 2011, la Chine comptait déjà trois cent cinquante-six millions d'utilisateurs de smartphones.

Cette année-là, Ant Financial lança une version d'Alipay qui comprenait un scanner intégré capable de lire les codes QR, ces étiquettes de forme carrée lisibles par une machine et contenant près de cent fois plus d'informations qu'un code barre standard. (WeChat Pay, qui a été lancé en 2013, possède un scanner intégré similaire.) Le scannage d'un code QR peut vous amener sur un site Web, faire afficher une application ou bien vous connecter au profil de telle ou telle personne sur un réseau social. Ce type de code a commencé à faire son apparition jusque sur les tombes (on scanne si l'on veut en savoir plus sur le défunt) ou sur les chemises des serveurs dans les restaurants (on scanne pour donner un pourboire). Des mendiants se sont mis à imprimer des codes QR et à les exposer sur le trottoir. En Chine, ces codes relient l'univers en ligne et la réalité hors ligne à une échelle jamais vue ailleurs dans le monde. Dès la première année de fonctionnement du scanner de codes QR, le montant des paiements par téléphone sur Alipay a atteint près de soixante-dix milliards de dollars.

En 2013, les dirigeants de Ant Financial effectuèrent une retraite dans les montagnes de la région de Hangzhou pour discuter de la création d'une foule de nouveaux produits ; l'un d'entre eux était Zhima Credit. Ils se rendirent compte qu'ils pouvaient utiliser la puissance de collecte de données d'Alipay afin de calculer un pointage de crédit s'appuyant sur les activités d'un individu. « *C'était un processus très naturel* », explique You Xi, un journaliste économique chinois qui a décrit cette réunion historique dans un ouvrage récent, *Ant Financial* : « *Si vous avez des données de paiement, vous pouvez évaluer le crédit d'une personne.* » C'est ainsi qu'Alipay s'est engagé sur la voie de la création d'un système de notation capable de mesurer « *votre crédit dans tous les domaines de l'existence* ».

Le nouvel outil de surveillance du Parti communiste chinois

Ant Financial n'était pas la seule organisation désireuse d'utiliser ce type de données dans le but de mesurer la valeur des personnes. Coïncidence ou non, en 2014, le gouvernement chinois annonça qu'il était en train de développer ce qu'il appelait un système de « *crédit social* ». Cette même année, le Conseil des affaires de l'État – la branche exécutive du gouvernement chinois – appela publiquement à la mise en place d'un système national de suivi qui évaluerait la réputation des particuliers, des entreprises et même des fonctionnaires gouvernementaux. L'objectif était que, d'ici à 2020, tous les citoyens chinois soient enregistrés dans un fichier compilant des données provenant de sources publiques et privées, et que ces fichiers puissent être consultés à l'aide de leurs empreintes digitales et d'autres caractéristiques biométriques. Selon les termes mêmes du Conseil des affaires de l'État, il s'agit d'un « *système de crédit qui couvre toute la société* ».

Du point de vue du Parti communiste chinois, la promotion du crédit social correspond à une tentative de mettre en œuvre une forme d'autoritarisme plus « douce » et plus discrète. L'objectif est d'inciter les citoyens à adopter toute une série de comportements pouvant aller des économies d'énergie à l'obéissance au Parti. Samantha Hoffman, consultante à l'Institut international d'études stratégiques de Londres,

POUR LE PARTI COMMUNISTE CHINOIS, LA PROMOTION DU CRÉDIT SOCIAL CORRESPOND À UNE TENTATIVE DE METTRE EN ŒUVRE UNE FORME D'AUTORITARISME PLUS « DOUCE » ET PLUS DISCRÈTE.

est une spécialiste du crédit social ; d'après elle, le gouvernement chinois s'efforce de prévenir toute forme d'instabilité qui pourrait menacer le Parti : « *C'est pourquoi, dans l'idéal, le crédit social repose à la fois sur des aspects coercitifs et sur des aspects plus agréables, comme la prestation de services sociaux et la résolution de problèmes réels. Le tout dans une même logique de type orwellien.* »

En 2015, Ant Financial était l'une des huit entreprises de technologie à avoir reçu l'approbation de la Banque populaire de Chine pour développer sa propre plateforme privée de notation de crédit. Peu de temps après, Zhima Credit fit son apparition sur l'application Alipay. Ce service suit votre comportement en ligne afin de déterminer une cote de crédit qui peut aller de trois cent cinquante à neuf cent cinquante points ; il offre des avantages et des récompenses aux individus affichant un bon score. L'algorithme de Zhima Credit prend en compte non seulement votre capacité à payer vos factures, mais également vos achats, vos diplômes et la cote de crédit de vos amis. Tout comme Fair et Isaac quelques décennies plus tôt, les dirigeants de Ant Financial défendent publiquement l'idée qu'une approche axée sur la collecte de données permettra l'accès au système financier de personnes qui en avaient été exclues jusque-là, comme les étudiants ou les habitants des campagnes. Adressé aux plus de deux cents millions d'utilisateurs d'Alipay qui ont opté pour Zhima Credit, l'argument de vente est limpide : vos données vous ouvriront les portes comme par magie.

L'adhésion à Zhima Credit est volontaire et il est difficile de savoir si elle affecte la notation d'un individu dans le cadre du système d'évaluation gouvernemental, et comment. Aucun dirigeant de Ant Financial n'a accepté de m'accorder une interview, mais on m'a transmis un communiqué de Hu Tao, la directrice générale de Zhima Credit : « *L'objectif de Zhima Credit est de créer de la confiance dans un cadre strictement commercial et indépendant de tout système de crédit social mis en place par le gouvernement. Zhima Credit ne partage pas les notations de ses utilisateurs ou les données qui les alimentent avec des tierces parties, y compris le gouvernement, sans le consentement préalable des utilisateurs.* » Néanmoins, dans un communiqué de presse diffusé en 2015, Ant Financial déclarait son ambition de « *contribuer à construire un système d'intégrité sociale* ». Et l'entreprise a déjà coopéré dans un domaine important avec le gouvernement chinois : elle a intégré à la base de données de Zhima Credit une liste noire de plus de six millions de personnes n'ayant pas payé leurs amendes judiciaires. D'après l'agence de presse officielle Xinhua, cette association entre deux Léviathans – public et privé – a permis aux tribunaux de sanctionner plus d'un million deux cent dix mille contrevenants, lesquels ont un jour constaté en ouvrant leur application Zhima Credit que leur score avait plongé.

D'après le Conseil des affaires de l'État, dans le cadre du système national de crédit social, les citoyens pourront être pénalisés entre autres au titre du délit de propagation de rumeurs en ligne et les personnes jugées comme « *extrêmement peu fiables* » n'auront accès qu'à des services au rabais. Apparemment, Ant Financial semble aussi aspirer à catégoriser la société en fonction de principes moraux. Dans son livre *Ant Financial*, You Xi cite des propos de la directrice générale Lucy Peng selon laquelle Zhima Credit « *veillera à ce que les personnes de moralité douteuse voient toutes les portes se fermer devant elles, tandis que les citoyens honnêtes seront libres de leurs mouvements et ne connaîtront pas d'obstacles* ».

Prolétariat et bourgeoisie numériques

Après avoir vécu en Chine pendant près d'une décennie, j'ai quitté le pays en 2014 ; les paiements par téléphone ne s'étaient pas encore généralisés. Ils représentent aujourd'hui cinq mille cinq cents milliards de dollars de transactions par an (contre seulement cent douze milliards aux États-Unis en 2016). Lorsque je suis retournée en Chine pendant mes vacances, en août 2017, j'étais bien décidée à faire partie de ce nouvel univers libre de cash. Je me suis donc inscrite sur Alipay et Zhima Credit quelques heures à peine après mon atterrissage. Faute d'un historique de mes transactions, j'ai été aussitôt confrontée à un verdict plutôt embarrassant : ma cote de crédit était de cinq cent cinquante points.

Lors de mon premier jour à Shanghai, j'ai ouvert l'application de Zhima Credit afin de scanner un vélo jaune que j'avais trouvé à moitié couché au milieu du trottoir. En Chine, la culture du vélo en libre-service, tout comme celle du paiement par téléphone, est surgie de nulle part, et les rues de Shanghai sont jonchées de vélos aux couleurs vives, abandonnés au hasard des caprices des cyclistes. En scannant le code QR d'un vélo, on obtient un nombre à quatre chiffres qui débloque la roue arrière, et un trajet en ville coûte environ quinze cents. Mais vu la médiocrité de mon score, il me fallut payer un dépôt de garantie de trente dollars avant de pouvoir scanner mon premier vélo. Même chose pour mes séjours à l'hôtel, mes locations de caméras GoPro, ou même l'emprunt d'un parasol gratuit. J'appartenais au sous-prolétariat numérique.

En Chine, tout le monde a peur des *pianzi*, les escrocs professionnels. Comment savoir si vous n'êtes pas un *pianzi* ? C'est une question que les gens se posent souvent lorsque des vendeurs les appellent au téléphone ou que des réparateurs sonnent à leur porte. Certes, ma cote de crédit n'était pas si basse que je sois classée aux rangs des *pianzi* mais, entre autres choses, Zhima Credit promet à ses clients d'identifier les vrais *pianzi*. Les entreprises

> **LES ENTREPRISES PEUVENT ACHETER DES ÉVALUATIONS DE RISQUE-CLIENT QUI LEUR PERMETTENT DE SAVOIR SI LES USAGERS ONT PAYÉ LEUR LOYER OU LEURS FACTURES, OU BIEN S'ILS FIGURENT SUR LA LISTE NOIRE DES TRIBUNAUX.**

peuvent acheter des évaluations de risque-client qui leur permettent de savoir si les usagers ont payé leur loyer ou leurs factures, ou bien s'ils figurent sur la liste noire des tribunaux. Ces produits leur sont facturés sur la base du temps gagné. Sur le site Tencent Video, je suis tombée sur une publicité de Zhima Credit dans laquelle un homme d'affaires circulant en métro scrute les autres passagers avec une mine consternée: « *On dirait qu'ils ont tous une tête de* pianzi. » Ses employés, soucieux de se protéger contre les clients suspects, couvrent les murs de la salle de conférences de photos de délinquants et de criminels. Mais tout d'un coup – *Eureka!* –, le patron découvre Zhima Credit, et tous leurs problèmes sont résolus. Le personnel fête la chose en déchirant les photos épinglées au mur.

Aux clients qui se comportent bien, Zhima Credit offre toute une série de bonus grâce à des accords de coopération signés par Ant Financial avec des centaines de sociétés et d'institutions. Shenzhou Zuche, une agence de location de voitures, permet aux personnes ayant un score de plus de six cent cinquante points de louer une voiture sans dépôt de garantie. En échange de cette évaluation, Shenzhou Zuche partage ses données, de sorte que si un utilisateur de Zhima Credit a un accident avec une voiture de location et refuse de payer les dégâts, cet incident est comptabilisé en négatif dans son dossier de crédit. Il fut même une époque où les individus ayant un score de plus de sept cent cinquante points étaient exemptés de faire la queue au contrôle de sécurité de l'aéroport international de Pékin.

Deux ans après être devenu utilisateur de Zhima Credit, Lazarus Liu n'était pas très loin de ce score. J'ai fait sa connaissance un samedi après-midi dans un centre commercial de Shanghai, devant une boutique Forever 21. Liu a vingt-sept ans et travaille pour une grosse entreprise. Il était ce jour-là entièrement vêtu de noir – chemise, short Air Jordan et baskets – et arborait une coupe dégradée avec une grande mèche noire tombant sur le côté. Nous sommes entrés dans un Starbucks bondé de jeunes gens penchés sur leurs téléphones et sirotant des thés glacés à la pêche ou des Frappuccinos au thé vert. Liu occupa la dernière table libre.

Il m'expliqua qu'il avait choisi son prénom anglais, Lazarus, après s'être converti au catholicisme trois ans auparavant, mais que sa foi était avant tout une affaire privée. C'était un peu la même chose pour son score Zhima Credit: il révélait sans doute quelque chose sur sa personnalité, mais il préférait rester discret à ce sujet. D'ailleurs, il vérifiait rarement sa cote de crédit – nichée sur l'application Alipay de son

Samsung – et, vu que son score était bon, il n'avait pas besoin de le faire. Après avoir débuté à six cents points sur un total possible de neuf cent cinquante, il avait atteint un score de sept cent vingt-deux points, ce qui lui donnait droit à des conditions avantageuses pour obtenir un prêt ou louer un appartement, ainsi qu'à un accès privilégié à plusieurs applications de rencontres au cas où il se séparerait de son épouse. Avec quelques dizaines de points de plus, il pourrait bénéficier d'une procédure accélérée d'obtention d'un visa d'entrée au Luxembourg, bien qu'il n'ait aucune intention de visiter ce pays.

Au fur et à mesure que l'historique des transactions et des paiements de Liu sur Alipay évoluait de façon favorable, son score ne cessait d'augmenter. Mais s'il négligeait de payer une amende de circulation, par exemple, cette tendance pouvait fort bien s'inverser. Et les privilèges associés à un score élevé pouvaient parfaitement être révoqués un beau jour en vertu de critères n'ayant strictement rien à voir avec son comportement de consommateur. En juin 2015, alors que neuf millions quatre cent mille d'adolescents chinois passaient le redoutable examen national d'entrée à l'université, Hu Tao, la directrice générale de Zhima Credit, déclara à la presse que Ant Financial comptait obtenir une liste d'étudiants ayant triché et que cette entorse serait comptabilisée dans leur dossier de crédit : « *Si vous vous comportez de façon malhonnête, vous devez en payer les conséquences.* » Pour les citoyens honnêtes, aucun obstacle. Pour les autres, l'épée de Damoclès d'un mauvais score.

Booster sa note sociale

L'application Alipay sait que dans l'après-midi du 26 août à 13 heures, j'ai loué une bicyclette de marque Ofo aux abords de l'ancienne concession française de Shanghai et que je me suis dirigée vers le nord, stationnant mon vélo devant le temple de Jing'an. Elle sait qu'à 13 h 24, j'ai acheté un casse-croûte dans le centre commercial voisin du temple. Elle sait que j'ai ensuite emprunté un véhicule avec chauffeur de la société Didi à destination d'un quartier au nord-ouest. Elle sait que j'en suis descendue à 15 h 11 et que je suis entrée dans un supermarché, et elle sait aussi qu'à 15 h 36 j'y ai acheté des bananes, du fromage et des crackers – parce que le propriétaire du supermarché est Alibaba et qu'à la caisse ne sont acceptés que les paiements par Alipay. Elle sait que j'ai ensuite pris un taxi et que je suis arrivée à destination à 16 h 01. Elle connaît le numéro d'identification de mon taxi. Elle sait qu'à 16 h 19, j'ai payé huit dollars pour une livraison d'Amazon. Suivent trois heures bénies – dont une passée dans la piscine – pendant lesquelles Alipay ne sait pas où je suis. Après quoi, elle sait que j'ai loué une autre bicyclette Ofo devant un hôtel du centre de Shanghai, pédalé pendant dix minutes et qu'à 19 h 11, je l'ai garée devant un restaurant connu. Étant donné que Ant Financial est un partenaire stratégique d'Ofo, il est possible qu'Alipay connaisse exactement le chemin que j'ai emprunté.

L'algorithme qui établit ma cote de crédit Zhima est un secret d'entreprise. Ant Financial a rendu publiques les cinq grandes catégories de données qui informent un score, mais ne permet pas d'en savoir plus sur la façon dont ces ingrédients sont cuisinés. Comme tous les systèmes classiques de pointage de crédit, Zhima Credit surveille mon historique de dépenses et vérifie si j'ai remboursé mes prêts. Mais en ce qui concerne d'autres critères, on est dans l'arbitraire le plus total, voire pire. Une catégorie baptisée « Connections » prend en compte le crédit de mes contacts sur le réseau social d'Alipay. D'autres caractéristiques prises en considération sont le type de véhicule que je conduis, mon lieu de travail et les établissements scolaires que j'ai fréquentés. La catégorie « Comportement » se penche sur les nuances de mon existence de consommatrice, ciblant les actions censées correspondre à un crédit positif. Peu de temps après le lancement de Zhima Credit, son directeur du développement technologique, Li Yingyun, déclarait au magazine chinois *Caixin* que des habitudes de dépenses telles que l'achat de couches pour bébé étaient susceptibles d'augmenter votre score, tandis que jouer à des jeux vidéo pouvait le faire diminuer. Sur les réseaux sociaux, d'aucuns escomptent que le fait de contribuer à une œuvre de bienfaisance, si possible grâce au service de donation intégré d'Alipay, augmentera votre crédit. Sauf que je ne sais pas trop si les trois dollars dont j'ai fait don à un organisme qui alimente des oursons bruns seront interprétés comme de la générosité ou de la mesquinerie.

J'ai donc commencé à surveiller mon score de façon obsessionnelle, mais comme les cotes de crédit ne sont réévaluées que sur une base mensuelle, le chiffre n'évoluait pas. Chaque fois que j'ouvrais l'application, j'étais confrontée à un écran de couleur orange qui n'avait rien de rassurant. Au premier plan, il y avait un cadran en forme de demi-cercle qui signalait que je n'avais atteint qu'un quart de mon potentiel. Un article du portail Sohu.com m'expliquait que mon score m'assignait à la catégorie des « *gens ordinaires* ». « *Niveau culturel peu élevé. Retraité ou à la veille de la retraite* », commentait cette page. En Chine, où de nombreuses personnes âgées ont perdu plusieurs années d'éducation pendant la Révolution culturelle, ce n'est pas un compliment. À en croire Sohu, seulement 5 % de la population avait un score moins élevé que le mien.

Un beau matin, préoccupée de savoir si je pouvais faire quelque chose pour améliorer mon score, j'empruntai un taxi en direction du centre de Shanghai afin de me rendre dans un centre commercial haut de gamme à ciel ouvert. J'y avais rendez-vous avec Chen Chen, une illustratrice âgée de trente ans qui avait signalé à un ami commun sur WeChat qu'elle bénéficiait d'une « *excellente* » notation sur Zhima Credit. Je voulais donc lui demander conseil. Munies d'une tasse de café, nous nous sommes installées sur une aire de restauration en plein air. Chen portait une chemise ouverte sur un T-shirt blanc et un slim. Ses cheveux étaient teints en blond et elle arborait un fard à paupières à paillettes. Son score Zhima Credit était de sept cent dix points et l'écran de son application affichait un bleu ciel rassérénant.

Elle m'expliqua comment booster mon score : « *Ils vont vérifier quel genre de personnes tu fréquentes. Si tes amis sont tous bien notés, c'est bon pour toi. Si tu as des amis qui ont un mauvais score, c'est embêtant.* » Une fois inscrite sur Alipay, j'avais fait des demandes d'amis à tous mes contacts téléphoniques. Seules six personnes avaient accepté. Un de mes nouveaux amis Alipay était quelqu'un à qui j'avais donné des leçons d'anglais, probablement la personne la plus riche que je connaisse à Shanghai. Il possédait plusieurs entreprises, une pléthore de voitures et une grande villa dans un quartier chic. Mais j'avais aussi sur ma liste d'amis ma vieille couturière qui occupait, avec toute sa famille, une seule pièce dans un immeuble délabré, avec des piles de tissu bouchant la vue des fenêtres. Le score de ma couturière – et son impact sur le mien – allait-il annuler celui de l'homme d'affaires ? Et moi-même, n'allai-je pas porter préjudice à leurs notations respectives ?

Chen m'expliqua qu'elle connaissait les scores de ses amis proches mais pas ceux de ses simples connaissances ou de ses collègues de travail. Il existe des forums de discussion où les personnes relativement bien notées cherchent à faire connaissance avec d'autres personnes au score élevé, vraisemblablement dans le but d'améliorer leur propre notation. Mais en général, les gens se fient simplement à leur intuition pour savoir qui parmi leurs contacts est susceptible d'être bien noté et qui il vaut mieux éliminer de leur liste d'amis. Afin de me rassurer, Chen m'expliqua que les utilisateurs ayant son type de profil n'avaient pas encore pris la décision d'exclure les gens comme moi de leur réseau. Zhima Credit était une application encore toute récente et si l'une de vos connaissances avait un score médiocre, cela pouvait encore s'expliquer charitablement par le fait « *qu'elle ne l'utilisait pas depuis assez longtemps* ».

IL EXISTE DES FORUMS DE DISCUSSION OÙ LES PERSONNES RELATIVEMENT BIEN NOTÉES CHERCHENT À FAIRE CONNAISSANCE AVEC D'AUTRES PERSONNES AU SCORE ÉLEVÉ, VRAISEMBLABLEMENT DANS LE BUT D'AMÉLIORER LEUR PROPRE NOTATION.

Hiérarchisation des citoyens et contrôle social

Si l'on cherche à comprendre la séduction qu'exerce ce type d'ingénierie sociale sur les dirigeants chinois, il faut remonter à plusieurs décennies, bien avant l'émergence des applications et du *big data*. Dans les années postérieures à la révolution communiste de 1949, le gouvernement affecta l'ensemble de la population à des unités de travail locales qui fonctionnaient de fait comme des sites de surveillance et de contrôle. Tout le monde espionnait ses voisins tandis que chacun faisait son possible afin d'éviter les mauvais points sur son *dang'an*, son dossier officiel. Mais le maintien de ce système exigeait de la part de l'État un gigantesque effort de vigilance. Lorsque les réformes économiques des années 1980 incitèrent des millions de personnes à quitter leurs villages et à émigrer en ville, le système des unités de travail s'effondra. Cette migration eut également un effet secondaire : les villes se remplirent d'étrangers et de *pianzi*.

Il ne fallut pas longtemps aux autorités gouvernementales avant de commencer à penser à « ludifier » le comportement social des citoyens. Comme l'explique Rogier Creemers, spécialiste du droit chinois à l'Institut d'études régionales de Leyde, aux Pays-Bas, les dirigeants chinois se rendirent compte que « *s'ils souhaitaient avoir un système de marché fonctionnant de façon autonome, il leur fallait aussi des systèmes de crédit fonctionnant de façon autonome* ». À la fin des années 1990, un groupe de travail d'un institut de l'Académie chinoise des sciences élabora les concepts fondamentaux du système de crédit social. Mais à l'époque, la technologie n'était pas assez avancée pour satisfaire les grands desseins politiques du Parti communiste.

Il y a environ une dizaine d'années, j'ai passé quelques semaines à Suining, une préfecture majoritairement rurale de la province de Jiangsu, près de Shanghai. À ce moment-là, les autorités locales ne faisaient pas dans la subtilité. Lorsqu'il s'agissait de sévir contre les conducteurs qui brûlaient des feux rouges, elles exhortaient les citoyens à prendre des photos des contrevenants afin de pouvoir les diffuser sur la chaîne de télévision locale. Mais en 2010, Suining devint l'une des premières collectivités locales du pays à tester un système de crédit social. Les fonctionnaires commencèrent à évaluer les résidents en fonction de divers critères, dont le niveau de scolarité, le comportement en ligne et le respect du code de la route. On attribua à chacun des onze cent mille million d'habitants de Suining âgés de plus de quatorze ans un score initial de mille points, qui était révisé à la hausse ou à la baisse en fonction de leur comportement. Si vous étiez en charge de personnes âgées membres de votre famille, vous gagniez cinquante points. Venir en aide aux pauvres valait dix points. Venir en aide aux pauvres de telle sorte que votre action était mentionnée dans les médias vous rapportait quinze points. Une condamnation pour conduite en état d'ivresse se traduisait par une perte de cinquante points, tout comme une tentative de corruption d'un fonctionnaire. Une fois son score établi, chaque citoyen se voyait attribuer une notation globale : A, B, C ou D. Les citoyens de catégorie A étaient prioritaires en matière d'accès aux établissements scolaires et aux emplois, tandis que les membres de la catégorie D se voyaient refuser toute une série de licences et de permis, ainsi que l'accès à certains services sociaux.

Le système de Suining était rudimentaire et il suscita durant une brève période un débat national sur les critères censés guider l'évaluation du crédit social. Mais il offrait le terrain d'essai de futures expériences à l'échelle nationale. Et si grossière que fût la notation par lettres, elle était moins grossière que ce qu'elle remplaçait. Avec le système de crédit social de Suining, les autorités passaient à une stratégie de communication plus subtile. Depuis ce projet pilote, plusieurs dizaines de villes ont développé leur propre système. La technologie existante est désormais à la hauteur. Tous ces systèmes seront un jour intégrés à l'échelle nationale au système de crédit social du gouvernement, ce qui obligera ce dernier à résoudre un sacré casse-tête logistique. En vue de l'aider dans cette tâche, le gouvernement a enrôlé Baidu, une grosse entreprise de technologie censée participer à développer la base de données du crédit social chinois d'ici 2020.

D'une certaine façon, c'est le secteur privé qui a contribué à faire évoluer l'attitude du Parti à l'égard des technologies numériques. Lorsqu'Internet est arrivé en Chine, faisant irruption dans la vie des gens sous la forme de blogs et de forums de discussion, le Parti l'a d'abord perçu comme une menace. Voilà un espace où les gens pouvaient dire ce qu'ils pensaient, se regrouper, exprimer leurs désaccords. Les dirigeants réagirent à ces aspirations par la censure et d'autres tactiques agressives. Mais grâce à des sociétés comme Ant Financial, les autorités ont fini par comprendre l'utilité des technologies numériques pour collecter et diffuser l'information. Au lieu de simplement réagir au contenu en interdisant certains termes de recherche ou en fermant des sites Web, le gouvernement collabore désormais avec le secteur privé dans le domaine des technologies de reconnaissance faciale et vocale ainsi que dans celui de la recherche sur l'intelligence artificielle.

En 2015, quelques mois après le lancement de Zhima Credit, le fondateur d'Alibaba, Jack Ma, s'est rendu aux États-Unis avec quatorze autres dirigeants d'entreprises dans le cadre de la première visite d'État du président Xi Jinping. À l'instar des patrons de Tencent et de Baidu, Ma siège également au conseil d'administration de l'Internet Society of China (ISC), une organisation paragouvernementale dirigée par le Parti. Ce lien stratégique est cependant délicat à gérer. Ces derniers mois, les régulateurs chinois ont pris des mesures en vue d'exercer un contrôle plus étroit sur les entreprises de technologie. En août 2017, la Banque populaire de Chine a ordonné aux sociétés de paiement en ligne et par téléphone de se connecter à une chambre de compensation du gouvernement, lequel a dès lors eu un accès aux données des transactions. Deux mois plus tard, le *Wall Street Journal* rapportait que les régulateurs chinois d'Internet envisageaient de prendre une participation de 1 % dans les principales sociétés de technologie. On peut envisager un scénario possible de cette forme de partenariat autour du crédit social : la Banque centrale superviserait le développement d'un système d'évaluation global semblable à la notation FICO tout en permettant à des sociétés comme Ant Financial de collecter des données afin d'alimenter cette évaluation. Quelle que soit sa structure définitive, le système de crédit social global « *sera certainement sous le contrôle du gouvernement* », explique You Xi, l'auteur du livre sur Ant Financial : « *Le gouvernement ne veut pas que l'infrastructure fondamentale du crédit social des citoyens soit entre les mains d'une grande compagnie.* »

LE GOUVERNEMENT COLLABORE DÉSORMAIS AVEC LE SECTEUR PRIVÉ DANS LE DOMAINE DES TECHNOLOGIES DE RECONNAISSANCE FACIALE ET VOCALE AINSI QUE DANS CELUI DE LA RECHERCHE SUR L'INTELLIGENCE ARTIFICIELLE.

Certains des citoyens chinois qui ont été évalués comme peu fiables ont déjà eu un aperçu des conséquences possibles d'un système unifié. En mai 2017, Liu Hu, un journaliste âgé de quarante-deux ans, ouvrit une application de voyage pour réserver un vol. Lorsqu'il saisit son nom et son numéro de carte d'identité nationale, l'application l'informa que la transaction ne pouvait être conclue parce qu'il figurait sur la liste noire de la Cour populaire suprême. C'est justement cette liste – baptisée « Liste des personnes malhonnêtes » – qui est intégrée à la base de données de Zhima Credit. En 2015, Liu avait été poursuivi pour diffamation par une personne mentionnée dans un de ses articles et un tribunal lui avait ordonné de payer mille trois cent cinquante dollars. Non seulement il avait réglé cette amende, mais il avait envoyé au juge concerné une photo du bordereau de virement bancaire. Ne comprenant pas pourquoi il était encore sur la liste noire, il contacta le juge et comprit alors qu'en effectuant son virement, il s'était trompé de numéro de compte. Il s'empressa de faire à nouveau transférer la somme due, tâchant de s'assurer cette fois que le tribunal l'avait bien reçue. Le juge ne lui répondit pas.

Liu n'était pas utilisateur de Zhima Credit, mais il n'avait pu échapper à la liste noire. Il était devenu de fait un citoyen de deuxième classe. Il ne pouvait pratiquement plus voyager, sauf à réserver les sièges les plus inconfortables des trains les plus lents. Il ne pouvait pas s'offrir certains biens de consommation ni se loger dans des hôtels de luxe, encore moins accéder à des prêts bancaires substantiels. Pire, la liste noire était publique. Liu avait déjà fait une année de prison antérieurement pour « *fabrication et propagation de rumeurs* » après avoir publié un reportage sur les malversations d'un maire adjoint de Chongqing. Comparée à son expérience carcérale, cette nouvelle sanction, plus immatérielle, le laissait presque de marbre : cette fois, on ne l'arrachait pas à sa femme et à sa fille.

Ce qui ne l'empêcha pas de se servir de son blog personnel afin d'essayer de susciter la sympathie du juge et de le convaincre de retirer son nom de la liste. En octobre dernier, il y figurait encore. « *Il n'y a pratiquement aucune supervision des exécuteurs judiciaires* » qui gèrent la liste noire, m'expliqua-t-il. « *Il y a beaucoup d'erreurs de traitement qui ne sont pas corrigées.* » Si Liu avait eu un dossier chez Zhima Credit, ses problèmes auraient été encore plus graves. Étant donné la conception de l'application, une fois que vous êtes sur la liste noire, vous êtes aspiré par une spirale descendante vertigineuse. D'abord, votre score plonge. Ensuite, vos amis apprennent que vous êtes sur la liste noire et, craignant que leur propre score en soit affecté, ils vous éliminent discrètement de leurs contacts. L'algorithme en prend note et votre score s'effondre de plus en plus.

La généralisation de la surveillance numérique

Peu de temps après mon retour de Chine, Equifax, l'agence étasunienne d'évaluation de crédit, annonça qu'elle avait été piratée par des hackers. Cette intrusion exposa les dossiers de crédit de quelque cent quarante-cinq millions de personnes. Ce fut une dure révélation pour moi comme pour beaucoup d'Américains. Mon numéro de carte de crédit avait été volé quelques semaines plus tôt mais, comme j'étais en voyage à l'étranger, je n'avais pas pris la peine de faire bloquer mon compte. Lorsque j'essayai de le faire après le piratage, cette procédure déjà difficile en temps normal était devenue presque impossible. Le site d'Equifax ne fonctionnait qu'à moitié et ses lignes téléphoniques étaient saturées. Désespérée, je fis appel à une plateforme de suivi de crédit appelée Credit Karma. En échange des mêmes informations que je cherchais à protéger, elle me communiqua ma cote de crédit auprès de deux des trois principales agences d'évaluation. Mes scores me furent communiqués par le biais d'un cadran similaire à celui de Zhima Credit, avec pratiquement le même code couleur. J'appris ainsi que ma notation avait baissé de plusieurs dizaines de points. Je découvris en outre quatre ou cinq transactions conclues en mon nom et que je ne reconnaissais pas.

Désormais, j'étais notée par deux systèmes d'évaluation des deux côtés de l'océan Pacifique. Mais il s'agissait là seulement des notations dont j'avais connaissance. La plupart des Américains sont soumis à des dizaines d'évaluations chiffrées, le plus souvent fondées sur des paramètres comportementaux et démographiques similaires à ceux utilisés par Zhima Credit. Ces pointages de crédit sont généralement aux mains de sociétés qui nous évaluent sans que nous ne puissions rien y faire. Mais dans nombre de cas, nous sommes des utilisateurs volontaires de ces systèmes de notation. S'il est vrai que le gouvernement des États-Unis n'a pas le pouvoir légal de me contraindre à participer à ce genre d'expérimentation sociale massive, il reste que je cède tous les jours mes données à des entreprises privées. Je leur fais assez confiance pour participer à leurs gigantesques systèmes d'évaluation. Je poste mes réflexions et mes sentiments sur Facebook et laisse une trace de tous mes achats sur Amazon et eBay. Je note mes semblables sur Airbnb et Uber et suis très préoccupée de la façon dont je suis moi-même évaluée. Il n'existe pas encore de super application gouvernementale aux États-Unis et les scores compilés par les courtiers de données servent essentiellement à mieux cibler les messages publicitaires, et non à exercer un contrôle social. Mais grâce à une procédure technologique connue sous le nom de résolution d'identité, les agrégateurs de données peuvent utiliser ce que je laisse derrière moi afin de fusionner les indices me concernant à partir de diverses sources.

Est-ce que vous consommez des antidépresseurs ? Est-ce que vous renvoyez fréquemment chez le distributeur les vêtements que vous avez achetés en ligne ? Lorsque vous remplissez un formulaire en ligne, écrivez-vous votre nom en majuscules ? Tel est le type d'informations collectées par les courtiers de données, et l'on pourrait citer bien d'autres exemples. Tout comme en Chine, vous pouvez même être pénalisé pour vos fréquentations. En 2012, Facebook a breveté une méthode d'évaluation de crédit capable de prendre en compte les scores des personnes de votre réseau. Vos amis se voient

« ON PEUT PARFAITEMENT IMAGINER UN AVENIR OÙ LES GENS SURVEILLERONT L'ÉVOLUTION DE LA COTE DE CRÉDIT DE LEURS AMIS ET OÙ, SI ELLE EST EN BAISSE, ILS LES LAISSERONT TOMBER DE PEUR D'ÊTRE EUX-MÊMES AFFECTÉS. »

attribuer un score moyen et si cette moyenne est inférieure à un certain minimum, on peut vous refuser une demande de prêt. Facebook a depuis révisé sa politique afin d'interdire aux prêteurs extérieurs d'utiliser les données de ses plateformes en vue de réguler l'accès au crédit de ses utilisateurs. Mais qu'est-ce qui empêche le géant de la Silicon Valley d'entrer lui-même un jour dans le secteur du crédit ? (Interrogé sur le brevet en question, un porte-parole de Facebook a déclaré : « *Nous déposons souvent des brevets pour des technologies que nous n'utiliserons jamais et les brevets ne doivent pas être considérés comme une indication de nos projets futurs.* ») Pour Frank Pasquale, spécialiste du *big data* à la faculté de droit de l'université du Maryland, « *on peut parfaitement imaginer un avenir où les gens surveilleront l'évolution de la cote de crédit de leurs amis et où, si elle est en baisse, ils les laisseront tomber de peur d'être eux-mêmes affectés. C'est terrifiant* ».

Il arrive fréquemment que les courtiers en données soient complètement à côté de la plaque. La société de données client Acxiom, par exemple, qui met en ligne une partie de l'information qu'elle collecte sur le site AboutTheData.com, me décrit comme une célibataire n'ayant que le niveau bac et « *qui fréquente sans doute les casinos de Las Vegas* ». En réalité je suis mariée, j'ai un diplôme de master et je n'ai jamais acheté ne serait-ce qu'un billet de loterie. Mais il est impossible de remettre en question ces évaluations car nous ne sommes jamais informés de leur existence. J'en sais plus sur l'algorithme de Zhima Credit que sur la façon dont je suis notée par les courtiers en données étasuniens. Comme le souligne Pasquale dans son livre *The Black Box Society*, le système fonctionne essentiellement comme un « *miroir sans tain* ».

Après mon départ de Chine, j'ai repris contact avec Lazarus Liu sur WeChat. Il m'a envoyé une capture d'écran de son score Zhima Credit, qui avait augmenté de huit points depuis notre rencontre. L'application affichait le commentaire « *Fantastique* » et la police du texte était passée à l'italique. Nous avons parlé d'une nouvelle fonctionnalité de reconnaissance faciale appelée Smile to Pay. Elle venait d'être introduite par Ant Financial dans un restaurant à thème de Hangzhou appartenant à la chaîne Kentucky Friend Chicken. Les murs du restaurant sont ornés de gigantesques téléphones blancs. Pour commander, il vous suffit d'effleurer du doigt une photo du plat désiré puis d'exposer votre visage au téléphone en saisissant votre numéro de portable afin de confirmer le paiement. Les premiers smartphones avaient éliminé l'usage du portefeuille ; désormais, Smile to Pay élimine le recours au téléphone personnel. Il suffit d'avoir un visage. Liu n'était guère enthousiasmé par Smile to Pay. Si l'on en juge par la page « Affaires gouvernementales » du site Web de Zhima Credit, il semblerait qu'il existe un partenariat entre l'ensemble des collectivités locales chinoises et Ant Financial aux fins d'utilisation des capacités de reconnaissance faciale développées par cette dernière. Mais ce n'est pas cela qui chiffonne Liu. Pendant ses études à l'étranger, il avait testé la fonction Face Unlock d'Android. À plusieurs reprises, son colocataire, qui avait le même type de mâchoire carrée que lui, avait pu déverrouiller son téléphone. « *Je trouve que ce n'est pas très sûr,* m'écrivit-il. *Je voudrais être certain que la technologie est vraiment au point.* » Ses derniers mots étaient rédigés en anglais (« *the real thing* »), comme pour mieux souligner son propos.

Tout en discutant avec Liu, j'ai moi aussi ouvert mon application Zhima Credit. Mon score avait augmenté de quatre points. « *Vous avez encore une marge de progrès* », m'informait-on poliment. Mais, à côté de mon nouveau score de cinq cent cinquante-quatre points, je vis s'afficher une petite flèche verte pointant vers le haut. J'étais sur la bonne voie.

L'UNESCO DANS LA TOURMENTE

Enquête sur une institution en proie aux lobbys

PAR **ANTOINE PECQUEUR**

Blocages politiques, financements en berne, experts bafoués… l'agence de l'ONU en charge de l'éducation, de la science et de la culture traverse une crise profonde. Cette institution internationale créée au lendemain de la Seconde Guerre mondiale afin de « *contribuer au maintien de la paix* » s'éloigne de plus de plus de sa vocation intellectuelle initiale : elle s'enlise dans des stratégies politiciennes, cède au lobbying des États et se concentre sur un « marketing patrimonial » offensif. Aucune attention n'est portée aux conséquences sociales locales de l'inscription de certains sites ou traditions culturelles sur les fameuses listes du patrimoine mondial de l'humanité et du patrimoine immatériel : ces labellisations, loin de s'appuyer sur des rapports d'expertise sérieux, ne sont désormais attribuées qu'en fonction d'intérêts politiques et financiers – au risque de dégrader encore l'image de cette institution à la dérive.

Depuis sa nomination comme directrice générale de l'Unesco en novembre dernier, Audrey Azoulay limite au maximum ses prises de paroles. Elle n'a donné qu'une seule interview, en février dernier à TV5 Monde, en marge de la visite à Dakar d'Emmanuel Macron. Malgré nos demandes répétées, l'ancienne ministre de la Culture n'a pas souhaité nous rencontrer ; le directeur de son cabinet, Nicolas Kassianides et le directeur de l'information du public Vincent Defourny se sont chargés de nous recevoir et de nous faire passer quelques éléments d'information. Si la communication se fait désormais *a minima*, c'est parce que l'Unesco traverse une période de hautes turbulences.

L'arrivée d'Audrey Azoulay au poste de directrice générale illustre déjà en soi le climat d'extrême politisation dans lequel baigne l'agence onusienne. « *Après le mandat d'Irina Bokova, de 2009 à 2017, le titre de directeur général aurait dû revenir à un représentant des pays arabes car, depuis la création de l'Unesco en 1945, aucune personnalité de cette région n'avait obtenu le poste. La question de la répartition géographique est cruciale pour cette institution, qui réunit 195 États membres*», souligne Georges Kutukdjian, ancien directeur de la division sciences humaines de l'Unesco et désormais président de l'Association des anciens fonctionnaires de l'Unesco. Or la France est bien lotie : elle a déjà eu un directeur en poste à l'Unesco, René Maheu (de 1961 à 1974), sans oublier que le siège de l'agence onusienne se trouve à Paris, dans un magnifique bâtiment d'architecture moderniste à deux pas de la tour Eiffel.

AUDREY AZOULAY A ÉTÉ ÉLUE PAR LES ÉTATS MEMBRES PARCE QU'ELLE A BÉNÉFICIÉ DE LA CRISE GÉOPOLITIQUE ENTRE LES PAYS ARABES.

Audrey Azoulay a été élue par les États membres parce qu'elle a bénéficié de la crise géopolitique entre les pays arabes. L'un des candidats favoris était Hamad Bin Abdulaziz al-Kawari, l'ancien ministre de la Culture du Qatar, mais ce pays s'est retrouvé en conflit avec l'Arabie saoudite. Aucun État arabe ne pouvait dans ce contexte faire l'unanimité. Appuyée par Emmanuel Macron, c'est donc la candidature d'Audrey Azoulay qui a remporté la mise. Après son mandat express d'à peine plus d'un an au ministère de la Culture, fallait-il trouver au plus vite un poste pour la haute fonctionnaire ? Remarquons aussi que cette nomination intervenait après la déconvenue de Ségolène Royal qui avait échoué à prendre la direction du Programme des Nations unies pour le développement.

À peine arrivée, Audrey Azoulay a commencé à constituer sa garde rapprochée. «*La composition de son cabinet m'a interpellée car on y trouve un grand nombre de Français, alors qu'il faut veiller, dans une agence onusienne, à le rendre le plus international possible. Il y a six langues officielles à l'Unesco*», pointe Cécile Duvelle, ancienne responsable de la section patrimoine immatériel de l'Unesco. «*Cela peut être problématique quand on trouve des collaborateurs qui ont auparavant travaillé avec Audrey Azoulay au ministère de la Culture*», note Georges Kutukdjian. C'est notamment le cas d'Émilie Lang, conseillère communication, qui fut aux côtés d'Audrey Azoulay rue de Valois et auparavant conseillère presse de François Hollande. Nicolas Kassianides, lui, est un ancien conseiller d'Alain Juppé au Quai d'Orsay. Le cabinet de la directrice générale est donc étroitement lié à la vie politique française.

Retrait des États-Unis et d'Israël

Mais les polémiques autour de la « *French touch* » du cabinet d'Audrey Azoulay ne sont que la face émergée de l'iceberg car, aujourd'hui, l'Unesco est avant tout confrontée à un problème fondamental de sous-financement. Un retour en arrière s'impose si l'on veut comprendre les affres économiques de l'agence. En 2011, l'Unesco a reconnu la Palestine comme État membre – de par son règlement, elle peut accueillir des pays non reconnus par l'ONU. Les États-Unis ont immédiatement stoppé leur contribution financière, arguant d'un texte du Congrès qui interdit aux États-Unis de financer une organisation reconnaissant la Palestine. Dans un premier temps, situation totalement ubuesque, Washington a conservé son siège à l'Unesco sans verser sa contribution financière. L'année dernière, Donald Trump a franchi un pas supplémentaire et clarifié la situation en annonçant que son pays quittait totalement l'institution, ce qui signifiait une drastique réduction budgétaire – les pays membres contribuant au financement de l'agence en fonction de leur poids économique. Le budget bisannuel 2018-2019, qui devait se monter à 667 millions, va ainsi diminuer de 20 % en raison du retrait de son plus gros donateur, jusque environ cinq cents millions d'euros. Et cela sans tenir compte des cas de nombreux pays qui ne versent pas leur contribution, avec des montants d'arriérés parfois considérables.

Les États-Unis ne sont par ailleurs pas les seuls à quitter l'agence. En octobre dernier, Israël a également annoncé son retrait, en l'espèce plus symbolique que pénalisant financièrement. « *L'Unesco a été kidnappée par un bloc des pays arabes musulmans et d'autres pays qui suivent leur ligne. Ils utilisent cette plateforme pour attaquer Israël* », nous affirme Emmanuel Nahshon, porte-parole du ministère des Affaires étrangères israélien. « *Ce n'est pas la reconnaissance de la Palestine en soi qui nous pose problème, mais les résolutions qui sont passées ensuite sur Hébron et Jérusalem. L'Unesco a même demandé une mission pour vérifier si l'on ne détruisait pas les mosquées sur l'esplanade de Jérusalem. Nous avons voté pour Audrey Azoulay.*

Mais quel est son poids réel face aux États membres ? » L'Unesco se retrouve donc plus que jamais en prise directe avec le conflit israélo-palestinien. Entre la tentative d'apaisement et les règles de fonctionnement de l'organisation (en assemblée générale, un État représente une voix), la marge de manœuvre est réduite. Le gouvernement israélien a jusqu'à la fin de l'année pour revenir sur sa décision de retrait.

L'UNESCO SE RETROUVE DONC PLUS QUE JAMAIS EN PRISE DIRECTE AVEC LE CONFLIT ISRAÉLO-PALESTINIEN.

Face à cette situation économique et à ce blocage politique, l'agence onusienne vit depuis 2011 un véritable plan social. « *Nous avons perdu cinq cents postes sur deux mille. Et dans mon service, j'ai même perdu deux tiers de mes collaborateurs* », concède Vincent Defourny, à la tête de la division de l'information du public. Comment inverser la donne ? « *Il nous faut développer d'autres ressources, par exemple le mécénat d'entreprise ou même celui des particuliers qui, jusqu'à présent, n'existait pas à l'Unesco* », pointe le directeur de cabinet Nicolas Kassianides. Mais surtout, depuis quelques années, l'argent provient de plus en plus des contributions extrabudgétaires, soit des pays qui décident d'aider unilatéralement tel ou tel projet spécifique en plus de leur contribution annuelle. On est alors bien loin de la démarche collective qui devrait être propre aux décisions de l'Unesco… « *Aujourd'hui, les fonds extrabudgétaires sont presque aussi importants que le budget de l'Unesco !* », s'exclame Georges Kutukdjian.

La liste des pays qui aident ainsi l'Unesco mérite que l'on s'y attarde. N'y figurent pas forcément les plus irréprochables en matière de droits de l'homme… « *En 2011, la Libye et l'Arabie saoudite ont prêté de l'argent sans intérêt à l'Unesco. Mais à l'époque, Kadhafi ne nous paraissait pas aussi atroce* », relativise le président de l'Association des anciens fonctionnaires. Autre exemple : après une interruption de cinq ans, le journal de l'institution, *Le Courrier de l'Unesco*, ressort grâce au soutien financier de… la Chine. Ce qui ne manque pas d'être paradoxal : l'un des pays les plus répressifs en matière de liberté de la presse finance la publication d'un journal sur l'éducation, les sciences et la culture. Autre exemple : un prix pour la recherche en sciences de la vie a été mis en place avec la Guinée équatoriale, État totalitaire dont le président Teodoro Obiang est impliqué dans le dossier des biens mal acquis. Et sans rire, le titre d'ambassadrice de bonne volonté de l'Unesco a été attribué à Mehriban Aliyeva, première dame d'Azerbaïdjan. L'agence offre ainsi à des États une caution culturelle à moindres frais. Quitte à délégitimer l'Unesco tout en dégradant son image.

Concurrence entre agences onusiennes

Se pose aussi la question, hautement sensible, de la répartition financière entre les différents programmes. Aujourd'hui, c'est l'éducation qui reçoit la plus grosse part du budget : cent vingt-trois millions d'euros prévus en 2018-2019. « *Le problème, c'est que sur ce terrain, nous sommes en concurrence avec d'autres agences onusiennes comme la Banque mondiale ou l'Unicef. La légitimité de l'Unesco est parfois bien difficile à défendre sur ce terrain* », nous dit une ancienne collaboratrice du bureau de l'Unesco à New York. On a d'ailleurs pu voir ces différentes agences en « opération séduction » à Dakar en février dernier lors de la conférence du Partenariat mondial pour l'éducation (PME) ; autour d'Emmanuel Macron, qui coprésidait la conférence avec son homologue sénégalais Macky Sall, étaient notamment présents Jim Yong Kim, président de la Banque mondiale, et Audrey Azoulay pour l'Unesco. Tous veulent leur part du PME, qui devrait réunir cette année 2,7 milliards de dollars de dons des pays membres (la France y contribue à hauteur de deux cents millions d'euros). L'équipe communication de l'Unesco nous explique que se joue aussi ici une bataille d'images : « *Il est plus facile de faire venir une équipe de télévision pour l'ouverture d'une école par l'Unicef que pour expliquer nos programmes de soutien.* » Mais, d'après les chercheurs, l'enjeu est ailleurs. « *L'Unesco aide encore à la formation des maîtres dans les écoles, alors qu'aujourd'hui ce sont les États qui les prennent en charge directement. Il faut changer les programmes* », plaide Georges Kutukdjian, qui critique aussi le retard dans le domaine scientifique : « *La place de l'intelligence artificielle a été encore trop peu débattue par l'Unesco.* » Afin d'exister médiatiquement, l'Unesco multiplie les opérations sur les lieux dévastés par les conflits, comme récemment le projet « Faire revivre l'esprit de Mossoul » lancé par Audrey Azoulay – elle en avait déjà fait son cheval de bataille au ministère de la Culture.

Le paradoxe veut qu'aujourd'hui l'éducation concentre la majeure partie des ressources de l'organisation, suivie par les sciences, alors que l'Unesco est avant tout connue à l'extérieur pour ses missions en matière de culture et de patrimoine (cinquante quatre millions d'euros de budget). La popularité de l'agence repose sur ses fameuses listes : du patrimoine mondial de l'humanité, du patrimoine immatériel… « *Les listes, c'est le cancer de l'Unesco* », nous dit sans détour Cécile Duvelle. En cause tout d'abord, le processus même de sélection des sites. Ce sont les gouvernements de chaque pays qui déposent leurs demandes et celles-ci sont ensuite examinées par des experts avant d'être soumises au vote des États. Tout semble transparent sauf que… « *Dans bien des cas, les États ne respectent pas l'avis des experts. Des sites sont ainsi sélectionnés sans répondre aux critères de l'Unesco !* », nous explique Chérif Khaznadar, président de la Maison des cultures du monde et ancien président du comité culture et communication de l'Unesco, qui dénonce la politisation de l'organisation : « *C'est du marchandage de voix : un pays vote pour un autre, qui lui est ensuite redevable… Et cela concerne tous les États. Récemment, l'Allemagne est ainsi passée en force pour imposer un site contre l'avis des experts et a réussi !* » Chérif Khaznadar vient de démissionner de son poste à la tête du Fonds international de l'Unesco pour la promotion de la culture : « *C'était l'un des rares fonds où les individus et non les États pouvaient se présenter. Mais ce fonds va fermer faute d'argent. Il ne reste plus à l'Unesco que le lobbying des pays.* »

« DANS BIEN DES CAS, LES ÉTATS NE RESPECTENT PAS L'AVIS DES EXPERTS. DES SITES SONT AINSI SÉLECTIONNÉS SANS RÉPONDRE AUX CRITÈRES DE L'UNESCO ! »

Les conséquences des labellisations

Si les États sont aussi mobilisés en vue d'obtenir le précieux sésame, c'est en raison de l'impact sonnant et trébuchant des labellisations. L'estampille Unesco, même si elle ne s'accompagne directement d'aucune rétribution financière, engendre à terme des retombées spectaculaires en termes de nombre de visiteurs. Un exemple parmi d'autres : depuis la classification d'Albi en 2010, la fréquentation de la ville a été multipliée par cinq. Une aubaine pour les hôteliers, les restaurateurs et toute l'économie locale. Et pour les habitants ? Rien n'est moins sûr si l'on en croit l'anthropologue David Berliner, professeur à l'Université libre de Bruxelles, qui s'est penché sur l'impact des labellisations : « *L'Unesco est une machine à préserver, mais aussi à globaliser. L'arrivée massive de touristes sur les sites bouleverse l'économie locale, engendre de la prostitution, de la drogue. Et surtout, cela peut créer chez les habitants de certaines régions du monde un sentiment de dépossession de leur lieu d'habitation.* » Des sites comme le Taj Mahal, Angkor ou le Machu Picchu doivent désormais limiter la fréquentation car le flux de touristes entraîne des détériorations importantes du patrimoine : c'est l'effet inverse qui est obtenu… « *Mais les responsables de l'Unesco ne font aucune recherche sur les conséquences de ces labellisations. Ils se considèrent comme inoffensifs* », pointe David Berliner. Les enjeux peuvent aussi être géopolitiques. « *Une labellisation peut engendrer des rivalités, comme ce fut le cas avec un temple khmer reconnu comme cambodgien alors que le territoire où il est situé est revendiqué par la Thaïlande. Cela a donné lieu à d'importantes tensions militaires* », poursuit l'anthropologue.

Aujourd'hui, plus de mille sites sont labellisés. « *Cette liste n'a plus aucun sens. Au départ, elle devait être réservée aux sites exceptionnels, c'est-à-dire seulement quelques-uns sur la planète* », rappelle Georges Kutukdjian. Ne faudrait-il pas clore ces listes ? Au cabinet d'Audrey Azoulay, Nicolas Kassianides reste flou sur le sujet, concédant qu'il est « *nécessaire de se poser la question* » tout en saluant le fait que, « *si les demandes affluent, cela montre que ces listes ont toujours un sens* ». Aujourd'hui, les sites eux-mêmes s'interrogent. « *Lorsque nous avons été inscrits sur la liste, nous n'étions que quelques-uns en France. Il y avait vraiment une spécificité à posséder le label. Mais aujourd'hui, quel est l'intérêt si tous les monuments arrivent à l'avoir ?* », se demande un collaborateur du château de Fontainebleau. Il arrive dans de rares cas que des sites soient déclassés et perdent ainsi leur labellisation, comme ce fut le cas à Oman, en raison de l'exploitation d'hydrocarbures sur un site naturel, ou plus récemment à Dresde, en Allemagne, où la construction d'un pont altérait la vue sur la vieille ville.

La liste du patrimoine immatériel fait tout autant débat. Y figurent aujourd'hui aussi bien la culture de la bière en Belgique que les festivals de chars au Japon, la cornemuse slovaque ou le café arabe… En vue de l'établir, les experts ne se rendent même pas sur place afin de préparer leur rapport. « *Cela ne sert qu'à distribuer des médailles en chocolat. C'est contraire à l'esprit de la convention originale de 2003, qui était de sauver le patrimoine en train de mourir. J'ai participé à cette convention et aujourd'hui je me sens trompé, floué*», affirme Chérif Khaznadar. Si, avec le label du patrimoine mondial, c'est l'impact économique qui est recherché, avec celui du patrimoine immatériel, c'est avant tout le symbole politique qui compte. Chiara Bortolotto, chercheuse à l'École des hautes études en sciences sociales, observe ainsi que «*la Chine fait un grand nombre de demandes d'inscription au patrimoine immatériel. Labelliser des traditions de minorités, comme le chant tibétain ou la culture ouïghour, c'est une manière pour Pékin de reprendre la main sur ces populations*».

Autre exemple révélateur et loin d'être anecdotique, celui de la pizza italienne. Au moment de l'attribution du label, lors de la réunion en décembre dernier du comité de l'Unesco en Corée du Sud, l'Italie avait envoyé sur place, chose rare, deux ambassadeurs : il lui était indispensable de recevoir un signal positif après la non-qualification au Mondial de football et le refus de l'Agence européenne des médicaments de s'installer à Milan. L'Unesco permet ainsi de redorer le blason de pays en mauvaise passe. La situation interpelle encore plus quand des dictatures s'achètent une légitimité grâce aux sites, comme on l'a vu avec l'Érythrée, considérée comme la Corée du Nord de l'Afrique et dont la capitale Asmara vient d'être inscrite au patrimoine mondial. «*La notion de patrimoine dépasse le contexte politique*», justifie timidement Nicolas Kassianides.

Dernier-né des labels Unesco, celui de ville créative. En 2010, Saint-Étienne a été la première ville française à l'obtenir en jouant la carte du design. Ce type de label a un impact plus directement artistique, mais tout aussi controversé. Le chercheur Bruno Lefèvre, de l'université Paris-XIII, est l'auteur de plusieurs articles sur le sujet. Selon lui, «*quand une ville obtient ce type de label, cela réduit les cultures alternatives ou critiques. Il faut lisser le discours*». L'Unesco participerait-elle à une vision standardisée de la culture ? Le professeur David Berliner cite un exemple bien concret : «*Pour obtenir le label du patrimoine immatériel, le carnaval de Binche en Belgique a supprimé les aspects les plus grivois, vulgaires, propres à l'histoire de cette manifestation, mais qui auraient fait tache de manière à être sélectionné.*» Aux yeux de l'Unesco, les arts doivent donner une vision positive du monde. Ces labels au rabais, recommandés par experts qui ne se déplacent plus et dont les avis ne sont en fin de compte que consultatifs, n'ont qu'un seul intérêt : servir de faire-valoir aux politiques.

Où sont les intellectuels ?

Comment l'institution a-t-elle pu en arriver à cette démarche de « marketing » territorial ? Chérif Khaznadar a son idée : «*À l'origine, l'Unesco était constituée d'intellectuels*[1]. *Mais aujourd'hui, il n'y a plus aucun penseur, seulement des fonctionnaires.* » Cécile Duvelle fait remonter ce basculement à l'amendement japonais, devenu effectif en 1995, qui a modifié la composition du Conseil exécutif, sorte de conseil d'administration de l'Unesco, réunissant de manière tournante cinquante-huit États : «*Jusqu'alors, on y trouvait des personnalités dont les États soutenaient la candidature. Le Japon avait estimé que cette composition engendrait des décisions trop radicales, c'est-à-dire selon le gouvernement japonais de l'époque, trop à gauche. Les intellectuels étaient dangereux !* » Pour cette raison, le Conseil exécutif est désormais composé de représentants des États membres, les ambassadeurs auprès de l'Unesco. Une structure purement technocratique, donc. L'ensemble des pays se réunissent quant à eux tous les deux ans en assemblée générale.

COMMENT L'INSTITUTION A-T-ELLE PU ARRIVER À CETTE DÉMARCHE DE « MARKETING » TERRITORIAL ?

On l'aura compris : le rôle de la direction générale, sort aujourd'hui d'Audrey Azoulay, est pris en étau entre ces instances aux fins purement politiciennes. «*Il faut enfin une réforme de l'Unesco et notamment de son mode de fonctionnement* », dit Georges Kutukdjian, «*sinon, si rien ne change à long terme, l'institution pourrait être tout simplement menacée* ». Le temps du sursaut est-il venu ? «*Au mot réformer, nous préférons celui de réinventer pour affirmer la dimension holistique de l'Unesco* », nous dit Nicolas Kassianides. La langue de bois serait-elle en passe de devenir la septième langue officielle de l'Unesco ?

1. Claude Lévi-Strauss, John Huxley, Marie-Pierre de Cossé-Brissac… (NdA.)

LA POLICE DU FUTUR

De la surveillance généralisée à l'autocontrôle

PAR **MATHIEU RIGOUSTE**

Robots autonomes, officiers connectés, reconnaissance génomique… l'innovation dans les équipements et moyens mis au service de la police ne semble pas connaître de limites. États et entreprises privées avancent main dans la main, développant un arsenal sécuritaire hypertechnologique, dans le cadre d'un marché mondialisé en forte croissance. Ces nouveaux dispositifs directement calqués sur le matériel militaire brillent d'ailleurs davantage par les bénéfices qu'ils permettent d'engranger que par leur efficacité réelle et leur infaillibilité technique. Ils sont toutefois rendus acceptables – voire désirables – aux yeux des populations par le biais d'une novlangue publicitaire et d'un marketing particulièrement soignés. La « police du futur » ouvre des perspectives orwelliennes : il ne s'agit pas seulement d'« optimiser » les équipements et les méthodes des forces de l'ordre, mais bien de poser les jalons d'un véritable panoptique policier qui a pour objectif d'aboutir à l'autocontrôle des populations.

Appareil d'État chargé de maintenir l'ordre social, la police n'est pas un corps homogène. En son sein s'affrontent et collaborent des fractions politiques, économiques et idéologiques. À la fois machine répressive et productive de subjectivités, elle quadrille la vie quotidienne tout en participant à la fabriquer.

Depuis que le contrôle est devenu un véritable marché au cours du XXe siècle, des institutions et des industries collaborent en permanence en vue de produire ce qu'elles appellent la « police du futur ». Problématique centrale pour la reproduction des États, c'est aussi un mythe politique et un slogan publicitaire qui vante toute sorte de produits, des armes et des technologies jusqu'aux doctrines et schémas de pensée, en passant par les équipements et les formations pratiques. Parmi la masse de ces innovations, on trouve « *beaucoup de* bullshit[1] ». De nombreux dispositifs ne sont jamais adoptés parce qu'ils ne peuvent s'intégrer à l'arsenal déjà existant ou ne remplissent pas les objectifs attendus. La plupart doivent être profondément transformés une fois expérimentés par les institutions. En analysant le cas français à travers les grandes tendances internationales, on peut décrire ce qui est en cours de restructuration et d'expérimentation, ce qui est en phase de recherche et développement et ce qui n'existe que dans l'ordre des idées et de la fiction.

PARMI LA MASSE DE CES INNOVATIONS, ON TROUVE « *BEAUCOUP DE* BULLSHIT ».

De quoi la « police du futur » est-elle le nom ?

Comme l'armée, la police pense et est pensée par l'État en collaboration avec les industriels. L'actuel ministre français de l'Intérieur Gérard Collomb saluait ainsi, à l'occasion de l'inauguration du salon mondial Milipol consacré à la « sécurité intérieure des États », la « *capacité d'innovation* » et la « *croissance extraordinaire* » des industries sécuritaires en novembre 2017. Avec plus de mille exposants et trente mille visiteurs, le succès de ce salon a montré que ce marché global se porte mieux que jamais. L'État souhaite d'ailleurs doubler le chiffre d'affaires du secteur à l'horizon 2025, s'attribuant « *un rôle essentiel [...] pour impulser, pour susciter, pour accompagner la montée en gamme de tous les acteurs* »[2].

La conception et l'orientation des polices du futur sont élaborées par un reseau de forges idéologiques mêlant intérêts étatiques et privés.Z L'Institut national des hautes études de sécurité et de la justice (INHESJ) constitue un laboratoire de production de nouveaux savoirs sécuritaires. Créé en 1989, il réunit des cadres français et étrangers issus de tous les secteurs publics et privés « de sécurité » afin de produire des rapports utilisables par l'État et les entreprises. Depuis 2012, le Conseil national des activités privées de sécurité (Cnaps) favorise le développement des nouvelles « activités de sécurité » en délivrant les autorisations aux entreprises. Le Comité de filière industrielle de sécurité (Cofis) est pour sa part chargé depuis 2013 d'impulser les échanges entre public et privé. L'État s'est aussi doté en janvier 2014 d'un Service de l'achat, des équipements et de la logistique de la sécurité intérieure (Saelsi) qui constitue l'interlocuteur unique des fournisseurs sur près de six cents marchés de « *modernisation* », avec pour objectifs la « *rationalisation logistique* » et l'« *optimisation des achats* » sur le modèle des « *méthodes japonaises* »[3]. Depuis janvier 2017, un Délégué ministériel aux industries de sécurité et à la lutte contre les cybermenaces (Dmisc) est chargé de « *consolider la croissance de la filière de sécurité en termes d'exportation et d'emploi* », en faisant « *travailler ensemble des grands groupes, des ETI, des PME, des start-up, des laboratoires de recherche universitaires, des pôles de compétitivité*[4] ». La transformation policière est moins orientée par une doctrine univoque que par un cadre doctrinal polarisé à la fois par la recherche de puissance et de stabilité au service de l'État et par la croissance et la rentabilité des entreprises nationales.

LA CONCEPTION ET L'ORIENTATION DES POLICES DU FUTUR SONT ÉLABORÉES PAR UN RÉSEAU DE FORGES IDÉOLOGIQUES MÊLANT INTÉRÊTS ÉTATIQUES ET PRIVÉS.

Un supermarché mondial

Revendiquant un taux de croissance annuel de près de 7 %[5], le marché international de la sécurité est rythmé et propulsé par des séries de conférences et de salons internationaux qui mettent en scène les acteurs et leurs produits. Les États y sont omniprésents. Le salon Milipol est emblématique de la marchandisation sécuritaire : organisé à Paris depuis 1984 en partenariat avec les forces de l'ordre françaises et le ministère de l'Économie, il est la propriété d'un groupement de grandes entreprises « de défense et de sécurité » dirigé par un préfet. Fin novembre 2017, le salon parisien a accueilli plusieurs dizaines de milliers de visiteurs venus de cent cinquante et un pays et près de milles exposants. L'événement réunit militaires, policiers nationaux et municipaux, gendarmes, agents de sécurité et combattants privés, industriels, hommes d'États et politiciens de tous bords, ingénieurs ainsi que journalistes et chercheurs. C'est un lieu de rencontre privilégié pour repérer les nouvelles tendances, signer des contrats, mais aussi présenter des prototypes aux « utilisateurs finaux ». Les entreprises recueillent ainsi des idées et des « besoins » et, en parallèle, tentent de créer de la « demande » en sucitant les désirs de dotation en nouveaux matériels. Milipol sert ainsi de vitrine, de laboratoire et d'accélérateur de l'innovation policière dans des domaines allant de la « gestion des risques » à la police technique et scientifique, du « maintien de l'ordre » à la lutte contre les « trafics organisés », de la « sécurité urbaine » à l'antiterrorisme… Ce supermarché des polices du futur assume sa prétention à cibler toutes les dimensions de la vie sociale et individuelle, des plus globales aux plus intimes, « afin d'assurer la sécurité des citoyens ». Il masque par la même occasion les impacts réels des usages de ces marchandises sur les conditions de vie des peuples.

Une bureaucratie de marché

À l'initiative d'États ou d'entreprises, les polices du futur sont de moins en moins fabriquées par des industries strictement publiques : des géants industriels mixtes et des firmes complètement privées prennent le relais. Dans l'objectif de collaborer avec les États, les industries privées et mixtes mettent en œuvre des stratégies de « recherche et développement » multiples. Selon un schéma classique, officiel et direct, dit « *up-bottom* » (de haut en bas), elles répondent aux appels d'offres de commanditaires institutionnels. Mais la plupart utilisent parallèlement des schémas indirects, informels ou officieux dits « *bottom-up* » (du bas vers le haut) de façon à profiter de contacts réguliers avec des « utilisateurs finaux ». Ces deux logiques sont poreuses et chaque firme tente de les conjuguer en vue de s'aménager des contacts réguliers avec chaque échelon. « *Si on rate un maillon de la chaîne, on risque d'être à côté de la plaque** », assure un communicant de Rivolier, distributeur de matériels « de défense et de sécurité ».

Le ministère de l'Intérieur est le commanditaire des nouveaux casques de police développés par l'entreprise ComuFrance, mais la firme a appris à rechercher « *des besoins spécifiques qui viennent de l'utilisateur et remontent* via *les filières soit syndicales, soit hiérarchiques** » afin de transformer les désirs des agents de police en stratégies d'acquisition. Le groupe M2M Factory, spécialisé dans la vidéosurveillance, collabore quotidiennement avec un réseau d'agents des services de renseignement dont certains participent sans doute comme conseillers à l'entreprise elle-même. « *C'est des choses qui se font, mais on n'en parle pas trop. […] Nous, le contact avec l'utilisateur se fait plutôt sur le terrain, parce qu'il y a des choses qui se disent sur le terrain et pas au salon** » précise le dirigeant, qui reconnaît que le procédé est « *assez informel* ». Cette stratégie s'articule à l'approche transversale par les salons qui « *permet aussi de voir les autres industriels, de voir les nouveautés [des] partenaires, pour les intégrer dans [les] systèmes* ». La firme Verney-Carron, qui fournit notamment les flash-balls de la police nationale française, se sert du salon Milipol comme « laboratoire d'usages ». Elle a engagé l'agence Novam, spécialisée en « innovation et développement de produits et services », qui invite les visiteurs à prendre en main les nouveaux prototypes. « *On pose un certain nombre de questions aux utilisateurs pour savoir ce qu'il leur manquerait* » précisent les « designers produits ». « *L'idée est de projeter les gens sur l'arme idéale**. »

Les géants industriels profitent de leurs partenariats et clients historiques. Thales[6] travaille « *main dans la main avec l'État** » explique une responsable commerciale. Nexter, groupe industriel militaire détenu en partie par l'État français, développe le Titus, un véhicule blindé « *à la base destiné aux forces armées classiques* » et qu'il a décliné dans une version policière afin de le vendre au ministère de l'Intérieur. Dans ce but, il le fait évaluer par les unités spéciales du Raid, groupe d'élite de la police française. « *Notre intérêt c'est de vendre au Raid, et pas seulement au Raid, et eux nous apportent l'expérience dont on manque** » rapporte un communicant.

Le Gicat, Groupement des industries françaises de défense et de sécurité terrestres et aéroterrestres, a mis en place un système de « *rétroplannings de recherche* » pour contourner le principe de l'« achat sur étagère » : « *Un agenda de rencontres, des groupes de travail* ad hoc, *qui sont créés sur des thématiques (policier du futur, big data, cybersécurité…) où les gens se rencontrent.* » Ces groupes fonctionnent en amont des décideurs institutionnels et réunissent des « opérateurs de terrain », des industriels, des chercheurs, des universitaires. « *On mouline tout ça et, quand on a une solution, ça part vers les niveaux hiérarchiques, qui décident oui ou non** », explique François Mattens, le directeur de la communication et des affaires publiques.

Loin des fictions néolibérales sur la libre concurrence du marché, les géants industriels semi-publics illustrent la « *consanguinité* » de l'État et des grandes entreprises françaises de défense et de sécurité[7]. Structurée par des rapports de forces, de privilèges et de favoritismes, la fabrication des polices du futur se concentre sur la production de nouveaux désirs de contrôle.

ALORS QUE LA MISE EN ŒUVRE DE ROBOTS ARMÉS AUTONOMES DANS LE MONDE MILITAIRE SE CONFRONTE À DES POLÉMIQUES ET À DES RÉSISTANCES DE LA SOCIÉTÉ CIVILE, LE DOMAINE POLICIER RÉFLÉCHIT AUX MOYENS DE LÉGITIMER L'ARMEMENT DES ROBOTS DE CONTRÔLE.

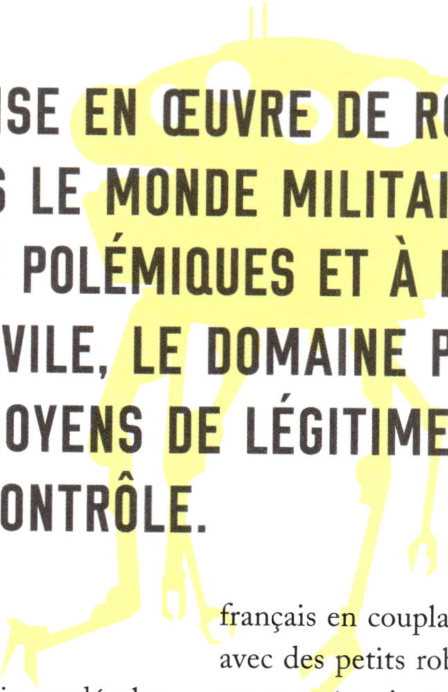

Police robotique et intelligence artificielle

En acquérant de l'autonomie, en développant des capteurs d'informations et de meilleurs algorithmes, les robots et drones sont conçus pour de nouveaux usages policiers. Composée d'anciens militaires, la firme Azur Drones développe un système combinant un drone à voilure fixe couvrant de grandes étendues, un drone captif filaire muni d'une caméra puissante et un microdrone «*pour la levée de doutes et la rapidité d'intervention*[8] ». En France, les robots de sécurité sont encore cantonnés à la surveillance de périmètres sans public. Ils «*font peur aux humains**» déplore-t-on chez TBC-France, fabricant de robots autonomes de surveillance et d'intervention qui cherche à les rendre plus acceptables aux yeux de la société civile. L'utilisation de robots policiers évolue aussi en fonction des législations nationales et internationales et notamment de leur responsabilité pénale. Alors que la mise en œuvre de robots armés autonomes dans le monde militaire se confronte à des polémiques et à des résistances de la société civile, le domaine policier réfléchit aux moyens de légitimer l'armement des robots de contrôle. Nexter vise le marché policier français en couplant son véhicule blindé Titus avec des petits robots modulaires, sur lesquels peuvent être installés des systèmes d'observation et des capteurs, en attendant de pouvoir les armer. Des déclinaisons dotées d'« armements intermédiaires » ont déjà vu le jour en 2016, au Dakota du Nord, lorsque le législateur a autorisé la police à installer des sprays lacrymogènes, des pistolets à impulsion électrique et des lanceurs de balles de défense sur ses drones. Les drones terrestres Dogo UGV de l'entreprise israélienne General Robotics, en dotation dans des unités policières nord-américaines, peuvent même être équipés d'un pistolet Glock 9 mm[9].

Dubaï est à la fois un laboratoire et une vitrine mondiale du secteur. Des robots policiers d'un mètre quatre-vingt pouvant se déplacer à trente kilomètres heure y font, depuis mai 2017, office de commissariats mobiles auprès desquels porter plainte ou payer des amendes[10]. On y teste des voitures autonomes munies de caméras intelligentes et capables de déployer leur propre drone à la poursuite d'un individu. Dans cette ville émiratie ultramoderne, il est prévu de remplacer un quart des policiers par des robots d'ici 2030. Le secteur robotique se déploie en puisant dans la science-fiction en vue de développer des matériels désirables. Le designer Charles Bombardier a présenté Metropolis, fine roue robotisée dotée d'un visage en hologramme inspiré du film de science-fiction américain *Tron* (1982). Programmé pour contrôler les personnes, le dispositif serait capable d'identifier les émotions par l'analyse des pulsations cardiaques et le taux d'humidité de la peau. Le déploiement de l'intelligence artificielle fait aussi émerger des formes de « lieux robots », autonomes dans la détection d'intrusions, le contrôle d'accès ou la gestion des ouvrants (portes, clôtures…). À l'instar de la plupart des machines, en pratique, les robots sont loin de correspondre au principe d'infaillibilité mis en avant par les industriels. Le robot « suicidé » dans une fontaine aux États-Unis en juillet 2017 ou le logiciel Louvois qui a paralysé le paiement des soldats français constituent des cas d'école. Pourquoi les polices robotiques échapperaient-elles à ces problématiques ?

Prolifération des armes et moyens « intermédiaires »

Légitimés comme « non létaux », « sublétaux » ou encore « intermédiaires », les systèmes d'armes censés ne pas tuer mobilisent de larges secteurs de la fabrication des polices du futur. « *C'est juste de la communication** », reconnaît le patron de Verney-Carron au sujet de sa nouvelle catégorie d'armements dite « à létalité atténuée ». Des machines employant le son ou les rayonnements électromagnétiques sont déjà employées par les polices et les armées de plusieurs pays. Le LRAD (Long-Range Acoustic Device), dont l'intensité acoustique contraint les corps et peut déchirer le tympan, a été utilisé au G20 de Pittsburgh en 2009 puis déployé par la police de New York en 2014 durant les manifestations en soutien à Eric Garner[11]. Le Shophar, développé en Israël et employé en 2005 dans la bande de Gaza, diffuse des infrasons qui rendent incapable de conserver l'équilibre. Selon les revues spécialisées, dans quelques années, ces dispositifs intégrant des nanotechnologies pourront être portatifs et installés directement sur des véhicules. D'autres armes intermédiaires employant laser et plasma sont en cours de développement. Une arme nommée Dazzler produit un laser qui peut « incapaciter » un être humain à cinq cents mètres. Employée par les soldats états-uniens, son usage par certains policiers est autorisé depuis 2012 dans le cadre de la « guerre contre les drogues ». Comme celles qui les ont précédées, les nouvelles armes « intermédiaires » entretiendront sans doute des écarts considérables entre leur prétention à ne pas tuer et leurs usages réels.

Hybridation militaro-policière

Certaines armes de guerre passent directement dans le domaine policier en ajustant les règlements d'usages, comme les fusils d'assaut dont les forces de l'ordre françaises sont équipées depuis quelques années. Suivant la globalisation des doctrines de « guerre urbaine de basse intensité », de nouveaux véhicules de police sont dérivés de modèles « de défense » en développant leur modularité. Selon le « niveau d'engagement », il devient possible d'adapter le blindage et de les équiper de grillages de protection, de canons à eau, à colorants, à mousses, à gaz lacrymogènes, de lances latérales, de différents types de sirènes, de projecteurs, de caméras, de capteurs thermiques, de plateformes et d'échelles d'assaut, de barricades antiémeutes robotisées ou de canons à son... Dans l'équipement aussi, des produits modulables développés à l'origine pour les forces spéciales se généralisent. Les uniformes doivent pouvoir accueillir des magasins de munitions, des systèmes de communications, des batteries... Le développement de nouvelles fibres encore plus légères et solidides que le Kevlar permettrait de concevoir des «*body armour*» et des «*ballistic T-shirt*» ultra-légers et résistants.

La montée en puissance des forces spéciales et des technologies militaro-policières affecte les sociétés de contrôle dans leur ensemble. L'entreprise Rivolier évoque des «*passerelles naturelles*» entre marchés de défense et de sécurité: «*On est face à des produits développés il y a une vingtaine d'années pour les forces spéciales et qui aujourd'hui ont des applications non seulement dans le monde de la sécurité intérieure mais aussi des loisirs (chasse, observation ornithologique...)**.» En France, un «Commandement des opérations spéciales» du ministère de l'Intérieur est même à l'étude. Calqué sur son homologue militaire, il sera *a priori* aussi sous autorité directe de l'exécutif[12], mais sa forme réelle s'éloignera sans doute du modèle original, à l'image de la plupart des processus de militarisation qui consistent moins à remplacer du policier par du militaire qu'à forger de nouveaux dispositifs hybrides.

Le policier connecté et augmenté

«*L'avenir de la police, c'est le gendarme et le policier connectés*» déclarait le ministre français de l'Intérieur à Milipol. Le mouvement a été amorcé par l'achat de cent quinze mille tablettes et smartphones ainsi que de dix mille caméras-piétons, et l'annonce de la mise en place de systèmes de lecture automatique des plaques d'immatriculation, de drones, microdrones et nanodrones. Les industriels sont directement associés à ces programmes. «*La police du futur, c'est un peu comme l'armée du futur, c'est une police connectée**» affirme à son tour le responsable communication de Nexter. «*L'information reste le nerf de la guerre*», précise-t-il. Selon Thales, l'«*avenir de la police*» c'est aussi la «*connectivité*» articulée avec le «*traitement de données en temps réel, le big data, l'intelligence artificielle, les interfaces homme-machine, la cybersécurité*». La firme a ainsi conçu un système de produits nommé «*connected officer*», associé à un «*véhicule de police du futur*». Selon elle, le ministère de l'Intérieur serait «*très intéressé**».

Le «policier connecté» préfigure sans doute le «policier augmenté», encore au stade de la recherche. Grégory Frutos, capitaine de l'École spéciale militaire de Saint-Cyr, invite ainsi à «*proposer, imaginer et anticiper des augmentations de nature technique, médicale et humaine*[13]». Il suggère des augmentations déjà disponibles: lunettes de vision nocturne, drones téléopérés ou utilisation de Guronzan contre la fatigue. Il évoque des «*augmentations en développement*»: dispositifs de marquage «invisible», type encre détectable aux UV,

« *afin de tirer à moyenne portée sur les casseurs* », et amélioration des tenues (anti-incendie/anti-lacérations). À propos des « *augmentations futures envisageables* », il décrit des dispositifs de vision thermique et nocturne, des détecteurs de présence et de mouvements, ainsi que le projet de « *numérisation des opérations* » sur le modèle du programme militaire Félin (Fantassin à équipements et liaisons intégrées) « *afin d'instantanéiser les échanges d'informations* » entre pelotons. Ces forces de l'ordre augmentées pourraient être dotées d'exosquelettes et associées à des drones aériens et terrestres « *intelligents* » grâce à des casques à réalité augmentée. Elles pourraient également recevoir des « *injections* », des « *cachets pour renforcer les capacités auditives* » et, « *grâce* » aux nanotechnologies, subir un « *traitement permanent* » pour renforcer leurs performances. La mise en œuvre des polices du futur implique ainsi la restructuration des doctrines d'emploi des forces et des tactiques, domaines où il n'est toujours pas prévu que l'intelligence artificielle remplace les subjectivités humaines.

La *Safe and Smart City*

Le marché mondial des *Smart Cities* constitue l'un des grands chantiers de la transformation policière. Le concept a émergé au début des années 2000 comme projet de gestion numérique centralisée de l'espace public : réseaux de transport, éclairage, circulation, pollution et bien sûr systèmes de sécurité, dont l'enrobage publicitaire est assuré par la dénomination de *Safe City*. Un rapport de la Cnil dénonce ce programme de ville « *pilotée depuis un unique tableau de bord, avec l'algorithme comme grand ordonnateur* », « *un système centralisé qui risque de laminer un certain nombre de libertés* »[14]. La *Safe and Smart City* désigne à la fois un programme, un mythe politique et une plateforme publicitaire où l'habitant est mis au centre de façon à « *envisager ses habitudes et comportements comme autant d'informations à gérer ou de problèmes à résoudre* »[15]. « *Notre cœur de métier c'est la* Safe City *et notre idée c'est de dire que les technologies ne vont pas se substituer à l'humain. On n'est pas dans une logique du tout numérique, tout robotique, l'humain reste au cœur de l'opération** », insiste le directeur de la communication du Gicat.

CES FORCES DE L'ORDRE AUGMENTÉES POURRAIENT RECEVOIR DES « *INJECTIONS* », DES « *CACHETS POUR RENFORCER LES CAPACITÉS AUDITIVES* » ET, « *GRÂCE* » AUX NANOTECHNOLOGIES, SUBIR UN « *TRAITEMENT PERMANENT* » VISANT À RENFORCER LEURS PERFORMANCES.

La *Safe and Smart City* s'apparente à une gestion de flux d'informations, de marchandises, de risques et de populations. Laurent Denizot, chargé de la *Safe City* au Conseil des industriels de la confiance et de la sécurité (CICS), développe l'idée de conjuguer ces flux à travers un « *continuum numérique permanent*[16] ». La filière française des industries de sécurité est regroupée autour du développement des *Safe Cities* depuis 2014 sous l'impulsion de l'État. Paris et Nice servent de « *démonstrateurs* » d'une « *plateforme connectée de sécurité du quotidien* », tandis que Marseille constitue un grand terrain d'expérimentation avec le projet d'en faire la « *première* Safe City *du continent* »[17]. Le vaste réseau de vidéosurveillance marseillais devrait être centralisé au sein d'un Centre de supervision urbain (CSU) développé par Engie Ineo. « *L'ensemble des données recueillies par les caméras a vocation à alimenter un big data de la tranquillité publique [...] afin de fournir aux forces de l'ordre une aide à la décision, voire dans certains cas une capacité prédictive* », explique Caroline Pozmentier, la maire adjointe à la sécurité publique de Marseille[18]. Des dizaines de *Safe and Smart Cities* existent déjà en Chine ou dans la péninsule Arabique. On y observe des régimes de concurrence entre centres de décision multiples et réticulaires plutôt qu'une forme de gouvernement type Big Brother gérant la ville de manière infaillible[19].

Le panoptique policier

À la manière du panoptique carcéral étudié par Michel Foucault[20], le fantasme d'un pouvoir capable de tout voir et de le faire savoir de manière à générer de l'autocontrôle se déploie désormais dans les domaines policiers. Il passe notamment par la multiplication des polices de « proximité », des pratiques de « rondes », des « quadrillages » et de tous les dispositifs d'occupation du territoire par l'exhibition des uniformes et l'infiltration d'unités en civil.

Ce mouvement est aussi propulsé par la multiplication de nouveaux systèmes de vidéosurveillance « intelligents » comme celui que développe l'entreprise Axon-Taser. Elle promeut l'articulation de caméras-piétons fixées directement sur les uniformes des policiers, de caméras-véhicules et de caméras dans les salles d'interrogatoires des commissariats. La firme justifie cette superposition des dispositifs de contrôle en axant sa communication sur le fait d'« *assainir la relation et renforcer le lien de confiance entre gendarmes et citoyens** ». Et l'affiche avec son nouveau slogan : « *The future of policing is transparent.* » Le programme s'articule au développement de la police d'Internet et d'un cyberespionnage étatique et industriel. Les ministères de l'Intérieur et de la Défense de nombreux pays se dotent ainsi de services liés à la surveillance, mais aussi à l'infiltration et à la répression sur le Net : technologies d'interception de mails et de SMS, de décryptage de codes et mots de passe, d'analyse de profils, logiciels espions et installation d'applications de surveillance sur les téléphones portables à travers la cryptologie mathématique...

Le panoptique policier se déploie à toutes les échelles, depuis l'espace, où se multiplient les satellites de surveillance, jusqu'au cœur de la vie humaine avec les analyses et manipulations du génome. Des ballons dirigeables chargés de « scanner le territoire » en 3D sont déjà en dotation dans plusieurs pays. Des caméras adaptables sur la tête de chiens policiers faisaient l'attraction au salon Milipol. Les IMSI-catchers, qui captent les communications à la place des antennes relais et permettent ainsi de « voir à l'intérieur » des ordinateurs, téléphones et tablettes, tiennent désormais dans des valises et équipent de plus en plus de services policiers. Dans la continuité des systèmes de reconnaissances faciale, digitale, oculaire, vocale et de la signature, la firme japonaise Fujitsu commercialise le lecteur Palmsecure, qui identifie le réseau veineux de la main. Des systèmes réalisant des portraits-robots génétiques sont déjà en fonction dans de nombreuses villes chinoises. Les technologies policières pénètrent ainsi à l'intérieur même des corps. Depuis la commercialisation des premiers tests d'identification par l'ADN en 1987, des dispositifs de reconnaissance biométriques sont désormais utilisés dans le monde entier. On a vu émerger parallèlement différents programmes de puçage électronique du vivant. Des troupeaux de brebis aux enfants de riches familles brésiliennes effrayées par les enlèvements, les puces intracorporelles dont on peut lire les données à distance se développent à grande vitesse. Dans leur sillage émergent des technologies d'implants cérébraux capables de diriger le système nerveux et des implants rétiniens agissant sur la vision. Les applications médicales légitiment ainsi le développement de nouvelles technologies qui glissent ensuite dans l'industrie militaire puis policière. Confrontées à des résistances populaires et, jusqu'ici, cantonnées à des usages thérapeutiques, ces innovations ouvrent toutefois un nouveau champ au contrôle, intracorporel et bionique.

LE PANOPTIQUE POLICIER SE DÉPLOIE À TOUTES LES ÉCHELLES, DEPUIS L'ESPACE, OÙ SE MULTIPLIENT LES SATELLITES DE SURVEILLANCE, JUSQU'AU CŒUR DE LA VIE HUMAINE AVEC LES ANALYSES ET MANIPULATIONS DU GÉNOME.

Cette police du futur capable de voir tout, tout le temps, à travers les objets et les corps, prétend également s'emparer des temporalités en prévoyant les « actes répréhensibles ». Des capteurs biométriques repérant les taux de stress et les émotions pourraient ainsi anticiper les actions individuelles et collectives. La capacité de ces capteurs à « prédire le crime » s'impose comme l'argument marketing principal, avant même que cette technologie n'ait démontré une quelconque efficience. Aux États-Unis, la société PredPol domine ainsi le marché du logiciel « prédictif », prétendant pouvoir identifier des « zones de criminalité » à l'avance, en fonction de probabilités statistiques. Mais, selon le sociologue Bilel Benbouzid, l'algorithme du logiciel, implanté dans une soixantaine de départements de police aux États-Unis ainsi qu'au Canada et en Grande-Bretagne, fonctionne plutôt comme un outil de management permettant de rationaliser la gestion des effectifs dans les rues[21]. Dans ce cas, comme dans ceux de nombreux autres secteurs de la transformation policière, le design futuriste constitue un levier économique sans forcément impliquer une efficacité réelle. Les dispositifs de ce type, à peine rendus disponibles sur le marché, sont donc la plupart du temps très vite délaissés par les vendeurs et les acheteurs. C'est ainsi que la police de la ville de Milpitas, en Californie, a d'ores déjà rompu son contrat avec PredPol, mettant en cause les « bénéfices minimaux » au regard des coûts investis.

LE DESIGN FUTURISTE CONSTITUE UN LEVIER ÉCONOMIQUE SANS FORCÉMENT IMPLIQUER UNE EFFICACITÉ RÉELLE.

Ces technologies continuent toutefois d'essaimer parmi les programmes de *Safe and Smart City* partout dans le monde. La notion de culpabilité qui structurait le droit pénal classique est progressivement remplacée par la « dangerosité », notion prédictive « *qui n'a pas à être démontrée* », explique la chercheuse Laure Ortiz. « *C'est une supputation, une possibilité* », « *la personne dangereuse, il faut la neutraliser, aussi longtemps que pèse sur elle le soupçon de dangerosité* »[22]. C'est bien dans ce sens que travaille Thales. En vue de « *freiner le passage à l'acte malveillant* », la firme propose de « *déceler plus précocement la menace* » en développant la « *surveillance multiniveaux* », le « *renseignement multisources* », les « *sondes de confiance* » et la mise en œuvre d'« *alertes géolocalisées* », tout en permettant de « *stimuler la prise de décision, au bon moment et au bon niveau* », annonce une plaquette promotionnelle. Le programme du géant mondial résume la logique à l'œuvre dans le déploiement de la société sécuritaire : « *Maîtriser des environnements toujours plus complexes* [...] *du fond des océans aux profondeurs du cosmos ou du cyberespace.* »

Les marchés des catastrophes et des frontières

Évoquant des millions de morts liés à la pollution de l'air et des sols, la revue *Préventique*[23] assure que « *la crise écologique appelle à une vaste transition* ». Selon elle, la « *réponse nécessaire à ces vastes mutations* » consiste dans « *l'approche globale de sécurité que défendent de nombreux acteurs* ». Les catastrophes liées aux ouragans Katrina, Irma et Harvey ont vu la montée en puissance de modes d'intervention militaro-policiers, mais aussi l'expérimentation de multiples technologies de contrôle déployables à grande vitesse : surveillance du territoire et des côtes, évacuations, « mises à l'abri » et internement de masse, fichage, tri et encadrement des personnes... Les polices des États-Unis et du Mexique ont tiré des conclusions sur les capacités de « résilience » des habitants durant les dévastations de 2017 afin de concevoir de nouveaux modèles de « collaboration police-population ». Juste après les tremblements de terre de septembre 2017 qui ont touché la ville de Puebla, les Mexicains ont vu débarquer des experts de défense et sécurité envoyés du Japon, de Turquie et d'Israël venus « *soutenir l'assistance* ».

Les unités israéliennes ont « *mis à disposition* » des forces de l'ordre mexicaines des systèmes technologiques capables de « *voir* » à travers les murs grâce à des ondes à haute fréquence et qui ont l'intérêt d'être « *particulièrement utiles* [...] *pour les forces de l'ordre et l'antiterrorisme* » précise la revue *International Safety and Security*[24].

Le secteur du « risque climatique » est directement connecté avec le business des frontières. Le projet de mur qui doit séparer les États-Unis du Mexique prévoit des tours de surveillance, des « aérostats attachés » (ballons dirigeables), des essaims de drones et d'hélicoptères, des scanners géants à rayons X adaptés aux trains et aux camions... À la demande des chefs de patrouilles de la frontière dans la vallée du Rio Grande, le laboratoire Lincoln du MIT développe un radar laser aéroporté et automatisé (Ladar) capable de déceler des personnes dans une forêt dense[25]. Une équipe de l'université d'Arizona intègre des données de la Nasa à un algorithme dans le but de prédire le déplacement de groupes à travers un terrain camouflé et par diverses conditions météorologiques. L'État israélien fabrique lui une clôture barbelée de six à huit mètres de haut sur soixante-cinq kilomètres à la frontière avec Gaza, équipée de caméras et de capteurs couplés à des systèmes de détection souterrains capables de repérer des tunnels jusqu'à douze mètres de profondeur. Ce Project Hourglass coordonne aussi des ballons dirigeables de surveillance et des robots-gardes autonomes sur rails circulant le long de la frontière, capables de contrôler les personnes, de délivrer des amendes et de projeter des gaz lacrymogènes. Les technologies israéliennes de contrôle des frontières sont en cours d'exportation auprès de pays sud-américains[26]. De son côté, la Turquie adopte des dirigeables de surveillance à trois cent soixante degrés pour contrôler ses frontières avec l'Irak et la Syrie. On observe aussi l'émergence d'appareils portables d'imagerie thermique qui complètent l'équipement des forces de contrôle des frontières, mais également des surveillants d'établissements pénitentiaires ou de centres d'internement. À Calais, la « *sécurisation* » de la frontière franco-britannique bénéficie à une quarantaine d'entreprises réalisant des murs « *intelligents* », de nouveaux systèmes de drones, des scanners pour camions, des portiques et lecteurs de badge ; le contrôle humain passe lui aussi de plus en plus aux mains de firmes de sécurité privée[27].

LE SECTEUR DU « RISQUE CLIMATIQUE » EST DIRECTEMENT CONNECTÉ AVEC LE BUSINESS DES FRONTIÈRES.

Le marché global des systèmes de surveillance des frontières et des côtes prévoit un taux de croissance de 6,2 % entre 2017 et 2021 selon la plateforme Research and Markets[28]. Ce marché continuera sans doute de profiter des « crises climatiques » et des conflits frontaliers, mais il devra aussi faire face à de nouvelles formes de résistances politiques mues par la nécessité de survivre.

Hégémonie et autocontrôle. Vers une population autopolicée ?

Comme chaque régime de pouvoir, la société sécuritaire recherche le consentement de la population et travaille à produire le désir de participer à la reproduction du système. États et industriels développent ainsi des moyens de susciter la collaboration de la société civile aux nouvelles formes de contrôle qui pèsent sur elle.

Il s'agit tout d'abord de rendre «*fun*», ludiques, ces nouvelles technologies. Au salon Milipol, des stands proposent de jouer à l'agent secret, de s'entraîner au tir instinctif en prenant en main les tout derniers prototypes et distribuent même de l'alcool fort aux visiteurs. Le dirigeant d'Axone System, qui y présentait son dernier système de surveillance, rapporte qu'il essaie de «*gamifier*» le monde de la sécurité. «*Le jeu vidéo, c'est la plus grande industrie mondiale et il y a toute la notion de "prédictif". On est capable de simuler le comportement humain dans des jeux vidéo, donc on s'est dit, pourquoi pas dans le monde de la sécurité ?*» explique Naoufal El Ouali, le créateur du logiciel, qui a pris pour référence de grands standards du jeu vidéo comme *Command & Control*, *GTA*, *Sim City* ou encore *Call of Duty*. «*On s'est dit ok, on va utiliser l'humain*» résume le P-DG*.

L'esthétique joue un rôle important dans le développement des nouvelles formes de contrôle, entre recherche de design futuriste, côté industriels, et intégration dans la vie quotidienne, du coté des gestionnaires publics. Les nouvelles technologies de domotique utilisent des esthétiques enfantines ou «déco» de façon à s'intégrer dans l'habitat et à faciliter la surveillance de sa propre maison et de sa famille depuis un smartphone. Comme l'affichent les designers de Novam, l'agence d'innovation employée par Verney-Carron, l'un des objectifs principaux est la recherche de l'«*empathie**» des utilisateurs.

L'une des spécificités de l'ère sécuritaire est la recherche effrénée de la prise en charge du contrôle par les dominés eux-mêmes. Il s'agit de faciliter la surveillance généralisée et d'optimiser le coût du contrôle qui ne cesse de croître pour les États et les classes dominantes. Philippe Alloncle, délégué aux coopérations de sécurité du ministère de l'Intérieur, confirme que «*le citoyen est effectivement l'acteur clé, l'acteur de base de la sécurité, par sa vigilance, par sa capacité à transmettre les informations aux autorités locales, aux autorités étatiques*[29]». Selon lui, la «*police de sécurité du quotidien*» devra être une «*police de contact avec la population*» afin de «*renouer ce lien distendu*». François Mattens se réjouit: «*Depuis les attentats, on ne trouve plus personne que la sécurité n'intéresse pas.* [...] *Le rapport de la population aux enjeux de sécurité est bien plus direct et émotionnel qu'aux enjeux de défense**.» C'est sur ce principe que le Gicat intègre de plus en plus de chercheurs en sciences humaines et d'urbanistes dans ses groupes de recherche et développement. À Marseille, Caroline Pozmentier explique comment les services de sécurité vont «*souvent puiser de l'expérience*» en Israël : là-bas, les «*citoyens sont engagés au quotidien pour la sécurité*» et «*constituent cette grande* *ressource de sécurité privée, avec des réflexes, une culture de sécurité*». Début 2018, la ville de Nice a expérimenté une application permettant à des «*citoyens vigilants*» de filmer les «*délits et incivilités*» avec leurs smartphones[30]. Développé par la start-up israélienne Reporty, le dispositif envoie les images à un opérateur du centre de supervision urbain qui peut orienter les forces de l'ordre. La Commission nationale informatique et libertés (CNIL) a finalement interdit l'usage de cette technologie.

Le projet de «police de sécurité du quotidien» du gouvernement Macron s'inscrit dans ce même cadre. «*Défi d'ordre civilisationnel*» selon le chef de l'État, il s'agirait de développer la «*coaction*», la «*coordination*» et la «*transversalité*» d'un «*continuum de sécurité*»[31]. Philip Alloncle suggère de développer le principe des «*voisins vigilants*[32]» qu'il qualifie de «*bienveillance mutuelle*». Il appelle aussi à favoriser l'essor de la réserve citoyenne et de la Garde nationale. Depuis janvier 2018, un dispositif de «chasseurs vigilants» est expérimenté dans l'Oise, en appui de la police nationale. Selon les mots du président français, le «*chantier de la police de sécurité du quotidien*» constitue un «*travail de conversion collective*» dans le but de réaliser une «*société de l'engagement citoyen*». Mais l'effritement de l'hégémonie de l'autorité policière et notamment l'effondrement de la légitimité des mesures «antiterroristes» lors de la contestation de la dernière loi Travail permettent de douter sérieusement de la capacité d'une société autoritaire et inégalitaire à réaliser ce fantasme de «population autopolicée».

Les nouvelles formes de la police s'articulent avec la reproduction de ses fonctions historiques. À moins d'un changement radical de société, tant qu'il y aura de la police, celle-ci participera au maintien de l'ordre social, économique et politique, au quadrillage du territoire et des frontières, à la ségrégation et à la chasse aux «indésirables», ainsi qu'à des fonctions de contre-insurrection. Les innovations se concentrent quant à elles sur l'accélération et l'accroissement du traitement des données, la simplicité d'opérabilité, la traçabilité, la connectivité et la modularité. Elles associent des processus d'«augmentation», de robotisation, d'hybridation et de «smartification». Elles expérimentent des moyens de tout voir et de le montrer, de prévoir, de prédire et d'anticiper, mais aussi de se rendre invisible et de s'intégrer. Elles aménagent le caractère ludique et esthétique, participatif, acceptable et désirable des nouveaux dispositifs. Cette recherche de sous-traitance civile, privée et/ou robotique dévoile pour autant une incapacité économique, politique et sociale des États à mettre en œuvre ces programmes.

Les formes que prennent la police et le contrôle dépendent finalement, encore et toujours, des résistances qu'on leur oppose. La contestation de l'ordre sécuritaire nécessite de ce fait un développement important de moyens indépendants d'enquête critique et de formation collective. Au cœur de cette problématique, les polices de demain continueront sans doute de questionner les formes de vies que nous voulons créer.

L'UNE DES SPÉCIFICITÉS DE L'ÈRE SÉCURITAIRE EST LA RECHERCHE EFFRÉNÉE DE LA PRISE EN CHARGE DU CONTRÔLE PAR LES DOMINÉS EUX-MÊMES.

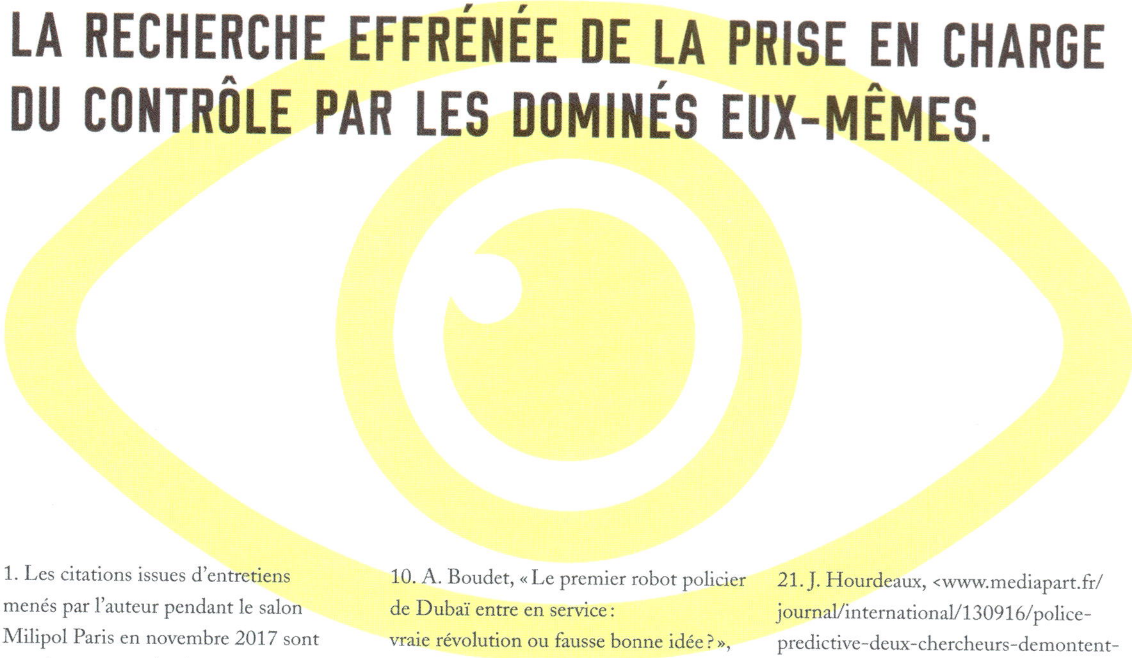

1. Les citations issues d'entretiens menés par l'auteur pendant le salon Milipol Paris en novembre 2017 sont mentionnées par des *.
2. Discours inaugural de Gérard Colomb au salon Milipol, 22 novembre 2017.
3. G. Chomette, <www.interieur.gouv.fr/Archives/Archives-des-dossiers/2014-Dossiers/Le-SAELSI-un-savoir-faire-logistique-au-profit-des-trois-forces>.
4. *Préventique. Imaginer la ville résiliente*, n° 155, novembre 2017, p. 76.
5. Brochure de présentation de la « Filière industrielle de sécurité », consultable sur le site <www.cics-org.fr>.
6. Entreprise d'électronique positionnée parmi les leadeurs mondiaux dans l'aérospatiale, la défense, la sécurité et le transport terrestre.
7. C. Serfati, *Le Militaire. Une histoire française*, Éditions Amsterdam, Paris, 2017.
8. *Sécurité et Défense Magazine*, numéro spécial Milipol, n° 20, novembre 2017, p. 22.
9. *International Safety and Security*, « Scanning the landscape. Land surveillance and reconnaissance systems: concepts and experiences », mai 2017, p. 43.
10. A. Boudet, « Le premier robot policier de Dubaï entre en service : vraie révolution ou fausse bonne idée ? », 23 mai 2017, <www.numerama.com>.
11. Homme noir de 44 ans étranglé par un policier à New York en juillet 2014.
12. G. Thierry, 29 novembre 2017, <http://lessor.org/on-a-parle-futur-forces-dintervention-lancien-chef-raid-jean-michel-fauvergue/>.
13. G. Frutos, « L'agent de force publique augmenté », *Cahiers de la Revue Défense Nationale*, décembre 2017, p. 65.
14. <http://libertescheries.blogspot.fr/2017/11/smart-city-bradbury-la-cnil.html>.
15. *Ibid.*
16. Table ronde *Safe and Smart City*, Milipol, 22 novembre 2017.
17. *Ibid.*
18. *Préventique. Imaginer la ville résiliente*, *op. cit.*, p. 71-72.
19. A. Picon, *Smart Cities. Théorie et critique d'un idéal auto-réalisateur*, Éditions B2, Paris, 2013.
20. M. Foucault, *Surveiller et Punir. Naissance de la prison*, Gallimard, Paris, 1975.
21. J. Hourdeaux, <www.mediapart.fr/journal/international/130916/police-predictive-deux-chercheurs-demontent-l-algorithme ?onglet=full>.
22. L. Ortiz, 8 janvier 2018, <www.revue-ballast.fr/laure-ortiz-securite-a-absorbe-toutes-libertes/>.
23. *Préventique. Imaginer la ville résiliente*, *op. cit.*, p. 1.
24. « Israeli technology to the rescue », *International Safety and Security*, mai 2017, p. 48.
25. International Safety and Security, « Scanning the landscape », *op. cit.*, p. 33.
26. *Ibid.*, p. 35.
27. A.-S. Simpere, 19 janvier 2018, <http://multinationales.org/Vinci-Thales-Eamus-Cork-Ces-entreprises-qui-profitent-de-la-situation-a-Calais>.
28. *Ibid.*
29. Table ronde *Safe and Smart City*, *loc. cit.*
30. M. Galante, <www.leparisien.fr/high-tech/nice-veut-faire-filmer-les-delits-par-les-smartphones-de-ses-citoyens-14-01-2018-7499706.php#xtor=AD-1481423553>.
31. Discours du 17 octobre 2017.
32. *Préventique. Imaginer la ville résiliente*, *op. cit.*, p. 67.

LA VRAIE *PLAYLIST* TSIGANE

Les *manele*, musique transgressive et populaire

PAR MARGO CHOU

En Roumanie, la création musicale ne se résume ni à un folklore panthéonisé par la dictature communiste des années 1970-1980 ni à une prétendue « musique tsigane » figée par des producteurs d'Europe de l'Ouest en quête d'authenticité. Après la chute de Ceauşescu en 1989, les musiques autrefois réprimées purent s'épanouir : sur le devant de la scène, les *manele*, essentiellement composés et interprétés par des Roms. Caractérisé par des paroles provocantes et une esthétique bling-bling, inspiré par les chansons d'amour roumaines traditionnelles, le turbo folk serbe comme le gangsta rap américain, ce style musical populaire est le miroir des évolutions de la communauté rom et de la société roumaine depuis une trentaine d'années. Dans les fêtes, les baptêmes, en boîtes de nuit comme sur les *platz* où résident les Roms en exil, les *manele* sont la bande-son d'un peuple en mouvement.

Il n'y a pas de *musique* tsigane. Il y a une *façon* tsigane de jouer. La « musique tsigane » est un style inventé et fantasmé par les Européens et qui s'est propagé au cours des deux dernières décennies dans les capitales du Vieux Continent. De nombreux groupes « français » à la sauce Balkans ont ainsi fleuri. Des festivals spécialisés ont été créés avec pour têtes d'affiches des Tsiganes de différents pays : les Roumains du Taraf de Haïdouks, la fanfare macédonienne Kocani Orkestra, les Hongrois de Romano Drom et Parno Graszt, les fanfares serbes de Boban Marković et, plus récemment, Salijevic Orkestar. Voilà pour le « folklorique », fruit de la rencontre entre des musiciens virtuoses et autodidactes et des producteurs européens.

IL N'Y A PAS DE *MUSIQUE* TSIGANE. IL Y A UNE *FAÇON* TSIGANE DE JOUER.

De l'autre côté de la vitrine, en Europe de l'Est, les Tsiganes sont depuis longtemps passés à une autre musique. En Roumanie, les *manele* (prononcer « manélé ») représentent la nouvelle musique populaire. On peut les entendre aussi bien lors des fêtes populaires, des mariages et des baptêmes que sur les ondes des radios, en discothèque ou dans les lieux de vie des Roms en exil.

La légende des origines

Manele, pluriel du mot « *manea* », désigne un genre musical défini par un rythme spécifique. Inconnu en Europe de l'Ouest, il est devenu un véritable phénomène social dans les années 1990 en Roumanie. Son identité reste confuse parce que multiple.

À l'origine des *manele*, il y aurait des cassettes de turbo folk[1] qui circulaient sous le manteau à la frontière du Banat[2], prémices en Serbie d'une mutation du « folklore » vers le « boom-boom » techno-pop-folk qui apparaît dans les pays méditerranéens comme la Bulgarie et la Grèce. À moins qu'ils ne dérivent de la musique que les camionneurs turcs écoutaient sur les routes : les auto-stoppeurs roms qu'ils rencontraient en passant par la Roumanie auraient été séduits par ces mélodies et se seraient empressés de les reproduire. Ou peut-être que les *manele* ont vu le jour, plus simplement, dans les arrière-cours tsiganes de la périphérie de Bucarest, là où les grandes barres d'immeubles laissent place aux petites maisons, entre milieu urbain et rural.

Quand Ceauşescu tenait le pays, les chansons étaient dédiées à la gloire du régime et de son maître. Chaque groupe désireux de créer son répertoire devait fournir un programme détaillant titres, paroles et composition musicale. Celui-ci était soumis à une commission d'État chargée de valider (ou non) la possibilité octroyée à ces groupes de se produire sur scène. Chaque région possédait son ensemble folklorique attitré avec son répertoire et son style personnel. C'est une période que nombre de musiciens regrettent encore, pour des raisons économiques : le boulot ne manquait pas pour ces *musicant*[3].

Dès les années 1970, la *manea* est un style de chanson populaire joué par les *lăutari*[4] qui s'est développé dans l'ombre du pouvoir. Les interprètes Gabi Luncă et Romica Puceanu étaient les deux principales figures de *muzica lautareasca* et chantaient exclusivement en roumain. « *Pendant les dernières années du régime Ceaușescu, le répertoire de chansons urbaines de Gabi Luncă n'était programmé à la radio que très tôt le matin. Les véritables fans réglaient alors leurs réveils en conséquence, pour écouter attentivement dès cinq heures du matin la voix pétillante de la chanteuse, tout en buvant une tasse de Nesskaffee froid avant de se rendre à l'usine*[5]. »

À LA CHUTE DU SOVIÉTISME, LES ENSEMBLES STIPENDIÉS PAR L'ÉTAT SE SONT DISLOQUÉS.

À la chute du soviétisme, les ensembles stipendiés par l'État se sont disloqués. Certains musiciens ont quitté la Roumanie afin de chercher du travail et de mettre à profit leur virtuosité dans un orchestre et les musiques minoritaires ont pu sortir de leur cachette. C'est alors que les *manele* se sont révélés dans leur forme moderne.

Modernité musicale subversive

Assez vite, les *manele* se sont caractérisés par l'utilisation d'effets sur la voix tels que l'écho ou la réverbération, un rythme syncopé soutenu par une boîte à rythmes et la mise en avant d'instruments solistes, orgue et darbouka. Les paroles des chansons se sont transformées. Alors que la *manea* cherchait à soulager l'âme, contait des histoires d'amour et célébrait la famille et le bon vin, aujourd'hui les « manélistes » œuvrent dans un registre provocant, littéralement consumériste et souvent sexiste, évoquant l'argent, les mafias, le pouvoir, la trahison.

Permissifs, grossiers et hyperdansants, les *manele* sont l'une des conséquences explosives de décennies de répression dans une société bridée. À partir de 1990, le peuple roumain peut enfin regarder au-delà de ses frontières. Il fantasme alors le monde occidental et son mode de vie ultralibéral, jusque-là complètement interdit, mais qui demeure inaccessible à la majorité des Roumains. La transition sociale vers le capitalisme est lente et le pays stagne dans un entre-deux politique et économique. Les *manele* sont le miroir de ce contexte : une musique bâtarde, sans racine et que l'on associe facilement aux mafias qui se développent à cette période. « *Les* manele *constituent l'arrière-plan sonore de la non-culture, des fêtes nocturnes en plein milieu de la rue, de la violence de clan et de la construction des valeurs d'un monde parallèle : le monde des affaires louches, des malfrats de quartier, du refus des règles d'une société déjà boiteuse*[6]. »

Incarnant une offense aux normes culturelles nationales, ils font frémir les bien-pensants – certains intellectuels sont même allés jusqu'à mettre en place des pétitions réclamant leur interdiction. Libelles restés sans suite : les manélistes et leurs adeptes n'ont que faire de ces bouts de papier.

En Roumanie, jusqu'au XIXe siècle, la plupart des Roms étaient des esclaves. Leur histoire ayant été ignorée, ils sont toujours très nombreux à vivre dans une pauvreté indigne, régulièrement en proie à des actes racistes. Aujourd'hui, c'est une part infime de ces hommes, descendant de générations de déportés, qui a accédé au statut de véritables stars, de nouvelles icônes populaires. « *La plupart des musiciens et les meilleurs d'entre eux étant roms, les* manele *ont été associés à cela et tout ce qui ne pouvait pas être dit en public était dit en revanche sur les manélistes*[7]. » Malgré cette mauvaise réputation des *manele* et des manélistes, dans les bas-fonds comme dans les fêtes familiales, dans les clubs à la mode comme dans les sombres bistrots de quartier, d'étonnantes interactivités se jouent entre adeptes et musiciens.

EN ROUMANIE, JUSQU'AU XIXe SIÈCLE, LA PLUPART DES ROMS ÉTAIENT DES ESCLAVES.

Une musique populaire

Dans leur rapport au public, les manélistes ont leurs codes : multiples, ironiques et assez stricts. Ils révèlent malgré eux un rapport au monde spécifique. L'exécution de cette musique populaire moderne respecte les mêmes conventions que la musique tsigane traditionnelle. Festive, elle permet à chacun de se distraire et d'exprimer ses émotions. Durant les mariages et les baptêmes ou en cabarets et discothèques, spectateurs, danseurs et clients participent autant que les musiciens et chanteurs. C'est tout un rituel qui se dessine par la combinaison d'attitudes habituellement antithétiques dans la société.

RAPIDEMENT, UNE INTIMITÉ PEUT SE CRÉER ENTRE LE CHANTEUR, LES AUDITEURS ET LA PERSONNE À QUI EST DESTINÉE LA DÉDICACE.

Dans une mise en scène qui annule le rapport binaire public/artistes, les instrumentistes sont autant « machines à fric », avec le système des bakchichs, que « machines à émotions », par leur répertoire immense et leur talent d'improvisateurs. Les morceaux sont demandés par les auditeurs, souvent des hommes, et joués sous forme de dédicaces. « *L'auditeur s'avance vers le chanteur, lui glisse un billet dans la main et une annonce dans l'oreille. La dédicace exprimée est souvent pour son ami, sa femme… Le chanteur répercute au micro l'annonce qui lui a été dite dans l'oreille*[8]. » Pendant le morceau, certains demandent un solo à l'un des musiciens, des paroles personnalisées ou encore un morceau différent, moyennant d'autres bakchichs. Rapidement, une intimité peut se créer entre le chanteur, les auditeurs et la personne à qui est destinée la dédicace. L'orchestre est au service du public tel un jukebox organique. Le centre n'est donc pas le groupe de musiciens. Le regard de la foule se porte davantage sur les personnes auxquelles sont adressées les dédicaces. La lumière inonde tout l'espace, le public n'est pas plongé le noir. Tout le monde danse ensemble. Chacun participe à la grand-messe et y cherche des émotions fortes.

Une fois que l'on adhère à l'« esprit *manele* », débarrassé de toute morale, on accède à une véritable salle de jeu, en forme d'exutoire. « *L'étalage ostentatoire des richesses est devenu un système de valeurs à part entière, le mépris des normes morales paraît être une seconde nature et se ficher de la loi est le sommet du succès public*[9] ». En s'emparant du micro, le chanteur commence généralement par se présenter et s'autocongratuler. Dans sa chanson *Saint-Tropez*, Florin Salam, la grande vedette actuelle, commence par s'annoncer : « *Je suis Florin Salam, le roi du* manele, *avec moi tu vas décoller !* » Le premier couplet arrive, évoquant la richesse, la famille, les vacances. Imprégné par l'univers du gangsta rap américain, le clip est alléchant, stéréotypé, ensoleillé. Chaînes en or, grosses voitures, larges décolletés en bord de piscine : voici les clichés développés dans les clips de ces dernières années. Les plus jeunes comme les plus âgés ne manquent pas de s'identifier à la star, même si la plupart sont loin de pouvoir posséder la Mercedes rêvée ou les objets de luxe ostentatoirement affichés dans les vidéos.

Une soirée au Melodia

À Bucarest, plusieurs types de lieux sont spécialisés dans les *manele*. Ce sont souvent des discothèques et des restaurants sans obligation de fermeture. La musique s'y joue sur des temps très longs. Cela permet au client de s'approprier l'endroit et de s'y installer pendant des heures.

Le club *manele* par excellence reste sans doute *Le Melodia*. Il est situé sur l'avenue Ştefan cel Mare – large périphérique urbain bordant le nord de la vieille ville. Le contraste est saisissant entre la grisaille de cette artère bordée de tristes immeubles soviétiques et le clinquant de ce club aux lumières transversales en néon laser. Sitôt franchie la porte de l'austère façade, gardée par deux malabars patibulaires et pourtant souriants, une hôtesse apprêtée se charge de placer le client. On accède à une première pièce où se trouve le bar, palais des glaces fluorescent digne des plus grands rêves de princesse. Des boules à facettes de toutes tailles et de monstrueux lustres en simili cristal pendent du plafond en ornements kitchs. Et partout, des banquettes. Nombre d'entre elles sont réservées, beaucoup sont vides ; elles finiront par se remplir.

Au loin, sur une large estrade à deux étages est installée la base rythmique de l'orchestre. En costard, sapé comme jamais, chaque musicien est à sa place sur cette scène démesurée. Le saxophoniste assis à une table a branché son téléphone en vidéo-selfie et filme ses solos. Le duo chanteur-violoniste se déplace à travers tout l'espace. Par moments, il est difficile de savoir à quel endroit il se trouve. Parfois attablés, parfois bras dessus, bras dessous avec le « dédicacé », les deux compères sont toujours suivis par un homme imperturbable : casquette, bras croisés, sacoche en bandoulière, il a l'air concentré et n'esquisse pas le moindre sourire. Affilié au club, il est chargé de ramasser les billets jetés par les clients lors des dédicaces. Pendant les mariages, les bakchichs sont mis directement dans l'instrument : on glisse les billets sous les cordes du cymbalum ou dans l'accordéon.

Des femmes sexy, minijupes et décolletés profonds, sont les premières à entrer au *Melodia*. Au milieu des tables, une estrade géante fait office de podium. On y grimpe seule ou entre copines danser et se mettre en valeur. Les protagonistes

LA SOIRÉE AVANCE ET LES TAUX D'ALCOOLÉMIE GRIMPENT. LES CORPS SE DÉLIENT ET LES BAKCHICHS AUGMENTENT.

de la soirée arrivent par petits groupes, rivalisant d'élégance. Des leitmotivs reviennent entre chaque morceau dédicacé faire monter la pression chez le client-roi. La nuit avance et les taux d'alcoolémie grimpent. Les corps se délient et les bakchichs augmentent. Les billets sortent des poches, souvent par liasses. Aux yeux de certains, mettre le maximum sur la table est la meilleure façon d'exister. On exprime son amour avec le pactole. On fleurit les amis. Il y a des nuits où des gars s'emballent et jouent leur voiture ou leur maison. Ensuite, ils pleurent leurs pertes. Le son est fort. Les solos sont virtuoses et les paroles flattent l'assemblée. Deux chanteurs se partagent la soirée tandis que les musiciens mercenaires restent en place toute la nuit. La lumière gagne en intensité. Il est six heures du matin.

En exil

En Transylvanie, dans les campagnes, les relations entre les différentes populations sont complexes. Les Roumains sont séparés des Hongrois, eux-mêmes séparés des Tsiganes. La démarcation est aussi économique. Les Tsiganes riches peuvent aller habiter n'importe où dans le village ; les plus pauvres ont leur endroit dans les hauteurs, *Ţigănie*. Ici, quand les musiciens débarquent, des fêtes s'inventent très rapidement.

Déaj, village de quatre cents habitants, voit sa *Ţigănie* traversée par une seule route de terre. Des deux côtés, les maisons sont en travaux. Quand il y a du travail et dès que l'argent arrive, on élève son foyer d'un étage. La musique lancée sur ordinateur s'échappe des fenêtres grandes ouvertes. Ce jour-là, une femme française discute devant l'une des baraques. Des gamines ont leurs écouteurs dans les oreilles. Elles dansent. Leurs bassins bougent naturellement. Un homme arrive, il prend l'étrangère par le bras et l'emmène à l'intérieur de la maison. Ils dansent. Enfants et parents se précipitent autour de la scène. Collés aux murs de la pièce, ils encouragent, tapent dans leurs mains, regardent et commentent. Pendant près d'une heure, le couple se déhanche. Les danseurs jouent de leur corps sans se préoccuper des autres. Séduction.

Avec leurs rythmes syncopés, les *manele* convoquent instantanément les forces libératrices de la danse. Les acteurs maîtrisent les règles, comme s'il s'agissait d'un combat de boxe érotique et joyeux.

LES *MANELE* NE SONT JAMAIS SORTIS DE ROUMANIE PAR LA VOIX MÉDIATIQUE.

Les *manele* ne sont jamais sortis de Roumanie par la voix médiatique. Ce sont les familles tsiganes qui exportent cette musique lorsqu'elles s'exilent. Grâce au téléphone et au trafic de clés USB, chacun peut profiter des dernières nouveautés. En France, sur les *platz* où vivent les Tsiganes, des chansons s'échappent et volent d'un baraquement à l'autre. Beaucoup sont dotés d'une TV et d'une antenne satellite. Grâce au générateur ou aux câbles électriques dérivés, les habitants peuvent se brancher sur Taraf-TV, l'une des trois chaînes roumaines consacrées aux *manele*, toutes créées en 2005. Banlieue de Massy-Palaiseau : après une énième expulsion, deux familles roms s'installent dans un sous-bois derrière un lotissement de fond de ville. Elles se sont rapidement construit quatre cabanes. La charpente est fabriquée avec le bois trouvé sur place, les murs sont en bâche. Les parents et les plus jeunes enfants sont repartis en Roumanie pendant que les autres travaillent en France. Quatre jeunes adultes gardent la *platz*. Parmi eux, Ion, sourire aux lèvres, est heureux de faire découvrir son nouveau domaine encore quasi vide. Derrière lui, Cosmine, téléphone à la main, lance *Kana Jambe*, un standard de Bogdan Artistu. Il insiste pour que la visite se fasse en dansant. Berçante ou stimulante, la musique rassure comme dans tous les lieux où la vie est alourdie par la misère. Dans son lit, Lorena se couche avec son téléphone, le dernier succès de Florin Peste dans les oreilles. Allongée dans le noir, elle fredonne toutes les paroles. Quand les parents s'absentent le temps d'un aller-retour en Roumanie, les adolescents s'emparent des lieux. Jeux de lumières, télévision et musique à fond envahissent l'unique pièce de quinze mètres carrés. La baraque se transforme en discothèque.

LES MUSIQUES TRADITIONNELLES NE MEURENT PAS.

Les musiques traditionnelles ne meurent pas. Elles se transforment. C'est le cas des *manele*, évolution contemporaine d'une musique populaire traditionnelle. Ses interprètes ne sont pas près de s'en lasser au regard de l'économie qu'elle génère. Erik Marchand, chanteur, producteur et spécialiste des musiques roumaines demandait à Nicolae Guţă, l'un des créateurs du style *manele*, roi de l'onomatopée et du vibrato, de rejouer de la musique traditionnelle. Il lui a répondu : « *Impossible tant que les* manele *m'enrichiront.* »

Au-delà de sa focalisation sur les valeurs de richesse et de compétition que nourrit le système actuel, la musique *manele* est devenue un phénomène qui crée une véritable mythocratie. Semblables à toute sous-culture, qu'elle s'épanouisse en Amérique du Sud ou en Afrique, les *manele* participent de ces musiques subalternes qui possèdent leurs rituels propres et savent se réunir en *potlatch* inconscient. Subversive, c'est une musique de métissage. Un mirage auquel peuvent s'identifier les laissés-pour-compte qui ne sont pas près de s'arrêter de danser sur la tête des rois.

1. « Turbo » désigne l'industrie et « folk » la campagne.
2. Région située au carrefour des frontières roumaine, serbe et hongroise.
3. Musiciens savants.
4. Musiciens improvisateurs.
5. « Gabi Luncă, sounds from a bygone age - vol. 5 », Asphalt Tango Records, <www.asphalt-tango.de/records/lunca/artist_more_fr.html>.
6. T. Tasenţe, « Manele şi interlopi ! », *Q magazine*, 1er octobre 2010, cité *in* V. A. Stoichiţă, « Vous trouvez cela drôle ? Ironie et jeux relationnels dans une musique de fête en Roumanie », *Cahiers d'ethnomusicologie*, n° 26, 2013, p. 193-208.
7. Adi Shiop, auteur d'une thèse sur les manele.
8. V. A. Stoichiţă, « Vous trouvez cela drôle ? », *loc. cit.*
9. *Ibid.*

FRANCOPHONIE :
Les habits neufs d'un vieil imaginaire

À la Francophonie, devenue « franco-aphonie » tant elle a échoué à incarner autre chose que le seul versant linguistique de la Françafrique et un véhicule de la domination postcoloniale, Emmanuel Macron voudrait offrir une nouvelle vie. Qui tiendrait notamment compte du fait que sur les sept cents millions de personnes qui parleront le français en 2050, 80 % seront africaines.

Mais cette volonté de « *déringardiser* » une Francophonie effectivement datée s'accompagne d'un imaginaire pseudo-moderne, d'une occultation des tensions et situations liées à l'histoire, d'une dépolitisation de la langue, d'une reconfiguration d'un lieu d'influence obsolète en *soft power* ravalé et d'une contradiction entre les mots employés et les politiques menées.

Le 20 mars, dans son discours tenu à l'Académie française, place forte d'une langue conservatrice, le président de la République a tenté de répondre à certaines interpellations qui lui avaient été faites, que ce soit sur le français comme langue des tyrans, le coût d'un livre en français ou la manière d'enseigner la langue de Voltaire...

Le débat sur la Francophonie ouvert par les annonces d'Emmanuel Macron oblige ainsi à élaborer une théorie de la « post-Francophonie » comme entreprise de décolonisation de la politique linguistique et de dénationalisation du français – ou peut-être *des* français tant est omniprésente la hiérarchisation des différentes manières de parler, lire, écrire cette langue selon les régions du monde.

Ce dossier de la *Revue du Crieur* prolonge donc la discussion mais persiste dans le désaccord, parce que c'est au cœur de la langue que se logent et se dévoilent les inconscients du passé et les masques du présent.

Alors que la Francophonie constitue un enjeu international d'ampleur, à la « *diplomatie de l'attractivité* » voulue par Emmanuel Macron, les auteurs réunis ici opposent une « *géopolitique des solidarités* » .

PAR ACHILLE MBEMBE ET ALAIN MABANCKOU

PLAIDOYER POUR UNE LANGUE-MONDE

Abolir les frontières du français

Y a-t-il encore quoi que ce soit à dire au sujet de la langue française qui n'ait déjà été dit ? Et au sujet de la Francophonie, cette organisation politique et institutionnelle censée lui restituer son prestige et rayonnement, et dont Emmanuel Macron entend faire l'un des bras séculiers de sa politique de puissance ?

À sa décharge, l'actuel locataire de l'Élysée ne s'exprime point dans les termes d'Onésime Reclus, le géographe auquel beaucoup attribuent l'invention du terme « francophonie ». C'était au XIXe siècle, dans la foulée du Second Empire colonial et de la restructuration géopolitique du monde. La France venait de subir une cuisante défaite militaire à Sedan et avait, au passage, perdu l'Alsace-Lorraine. Sa position en Europe était fragilisée et, avec elle, l'idée qu'elle se faisait de sa grandeur. Il fallait conjurer le spectre du déclin et plusieurs, dont Jules Ferry, firent du projet d'expansionnisme colonial le frein idéal à la spirale du déclassement.

De cet expansionnisme, beaucoup avaient une conception étroitement mercantiliste héritée de l'Ancien Régime. À leurs yeux, les possessions coloniales étaient avant tout des comptoirs de commerce. Elles faisaient partie d'un domaine hors-la-nation, sur lequel cette dernière exerçait un droit éminent de prédation. Chez Onésime Reclus cependant, mercantilisme et ponction ne suffisaient guère. Il fallait quelque chose de plus, un supplément, quelque chose de profondément vitaliste, capable de résister à l'épreuve de la durée.

Ce quelque chose ne pouvait guère venir de la sève fécondante des Français. Celle-ci était en voie de tarissement. À l'époque, la France était confrontée à une crise démographique et fournissait beaucoup moins d'émigrants outre-mer que tout autre État européen. La stagnation de la population et le besoin pressant de main-d'œuvre dans l'industrie ne permettaient guère de peupler en nombre les colonies nouvellement acquises. Ne pouvant renforcer son emprise hors d'Europe avec une population diminuée, peu féconde et rétive à l'émigration, la France n'avait plus qu'une seule solution : assimiler les peuples conquis par le biais d'une diffusion extensive de sa langue.

La langue comme assise coloniale

En ces temps où l'on n'hésite pas à recourir à l'injonction d'amnésie dans l'espoir de contrecarrer une certaine critique décoloniale, ces rappels historiques ne sont pas sans intérêt. Chez Onésime Reclus, la Francophonie est en effet l'équivalent linguistique du pouvoir du sabre. Elle est, pour reprendre une vieille formule, un «*appareil idéologique*» de l'impérialisme français. La langue est une ressource géopolitique dont la fonction est de compenser le handicap démographique à une époque où, face à la rivalité entre les puissances européennes pour la domination du monde, le poids du nombre est aussi décisif que la force des armes. Dans cette lutte mondiale pour l'hégémonie, le système francophone a pour fonction l'utilisation de la langue coloniale dans le but d'imposer la loi d'un pouvoir sans autorité à des peuples vaincus militairement.

Qui, dans ces conditions, peut reprocher à ceux et celles qui le désirent d'en faire aujourd'hui la critique? Encore faut-il que celle-ci aille au fond du différend. De fait, il ne s'agit pas seulement de pointer du doigt les origines coloniales du concept. Il faut démasquer le racisme qui en constitue le fond baptismal. Chez Onésime Reclus encore, les «francophones» ne sont pas tant ceux et celles qui, bien que n'étant pas français, parlent le français. Les «francophones» sont, avant tout, ceux et celles parmi lesquels le français «règne», c'est-à-dire ceux et celles qui, ayant ingurgité cette «substance» qu'est le français, sont devenus des sujets d'une langue qui, en retour, exerce désormais sur eux, y compris à leur insu, un pouvoir sans limite, réserve ou durée.

La Francophonie se veut l'exemple singulier d'un pouvoir par transsubstantiation. Procédant d'une vision eucharistique de l'impérialisme, elle est aussi ce par quoi la discrimination entre ceux parmi lesquels le français «règne» et ceux dont il est la «langue policée» est instituée et maintenue.

Dans cette vision ethnocentrique d'une langue prétendument porteuse d'universaux, le monde est composé de trois catégories linguistiques qui, elles-mêmes, recoupent des divisions ethno-raciales: les Français, les Francisés et les Francisables. «*Nous acceptons comme "francophones" tous ceux qui sont ou semblent destinés à rester ou à devenir participants de "notre langue"*», précise au demeurant Onésime Reclus. Et de les énumérer – «*Bretons et Basques de France, Arabes et Berbères du Tell "dont nous sommes déjà les maîtres"*». S'y ajoutent les Alsaciens, les Lorrains, les Wallons d'Allemagne, les Belges wallons et les Belges bilingues, la Suisse française, les vallées françaises et vaudoises d'Italie, les Acadiens et les Canadiens français, Terre-Neuve et Saint-Pierre-et-Miquelon, Haïti, les Petites Antilles de langue française, la Guyane et ainsi de suite.

Tout ceci relève du passé, ne cessent de répéter les maîtres de l'amnésie. L'on ne demande qu'à y croire. Mais comment y arriver si, à l'occasion de la plus grande foire du livre consacrée à la création d'expression française, le

LES ORIGINES COLONIALES DE LA FRANCOPHONIE SONT INDÉNIABLES. ÊTRE NÉ PENDANT OU AU LENDEMAIN DE LA COLONISATION N'Y CHANGE STRICTEMENT RIEN.

chef de l'État lui-même est incapable d'ajouter un seul nom d'« étranger » (Aimé Césaire, Léopold Sédar Senghor, Édouard Glissant, Maryse Condé, Assia Djebar, Tahar Ben Jelloun, Sony Labou Tansi ou autre) à la liste des grands écrivains de cette « *langue que nous avons en partage* » ?

Comment prêter foi à ce qu'il dit si, à l'occasion d'une « *consultation citoyenne* » « *sur la promotion de la langue française et du plurilinguisme* », l'on continue de s'adresser – tenez-vous bien – « *aussi bien aux Français qu'aux étrangers francophones et/ou francophiles* » ? À quoi reconnaît-on un Français ? Qu'est-ce donc, un « *étranger francophone* » ? « *Étranger* » par rapport à quoi et à qui ? Un Français peut-il être un « *étranger* » en France ? La catégorie de francophone s'applique-t-elle uniquement aux « *étrangers* » et comment définit-on ces derniers ? Pourquoi faut-il réinscrire dans la politique d'une langue supposée commune ces discriminations de nature politique dont la Francophonie institutionnelle est précisément, sinon le garant, du moins la parure ?

Car que lui reproche-t-on qui ne soit historiquement fondé ? D'être l'une des nombreuses survivances du colonialisme français et de l'hégémonie que celui-ci a imposée sur les formes de vie culturelle de peuples prétendument indépendants ? Ce n'est pas tout. D'être un instrument au service de la politique étrangère de la France – un mélange d'affairisme, de mercantilisme et de militarisme qui, en Afrique notamment, consiste à « blanchir » les satrapies locales dans l'espoir de s'attacher des soutiens locaux afin de gagner des parts de marché et de mieux piller les richesses naturelles ? Qui en douterait ? Plus grave encore, de définir par défaut, c'est-à-dire comme des « étrangers », tous ceux et toutes celles qui s'expriment en français, mais ne sont guère des « Français de souche », même s'ils le sont de nationalité ? À la vérité, tout cela à la fois, et il ne suffira pas de prétendre que l'on n'appartient pas aux générations nées sous le colonialisme pour faire disparaître ces critiques d'un coup de baguette magique. Les origines coloniales de la Francophonie sont indéniables et être né pendant ou au lendemain de la colonisation n'y change strictement rien.

Le français : langue africaine

Ceci dit, et aussi incongru que cela puisse paraître, la langue française est devenue une langue africaine. Tout comme l'anglais, l'arabe ou le portugais et, d'ici la fin du siècle, le mandarin. Elle est venue s'ajouter au Babel des langues auxquelles recourent les Africains afin de créer leurs mondes de signification et de communiquer entre eux et avec le reste de l'humanité. À force de croisements avec les langues autochtones, de couplages et de greffes parfois inattendus, de créations lexicales inédites, de dérivations et emprunts divers, le français en Afrique fait désormais partie des langues planétaires, ouvertes et, pour ainsi dire, hétérolingues. Cette mutation est irréversible. Elle témoigne aussi bien de la plasticité de la langue elle-même que de la force intrinsèque des sociétés africaines et de leur extraordinaire capacité de domestication du lointain et de l'imprévu.

Il s'agit donc de tirer toutes les conséquences de ce déplacement dont la portée, au regard de l'histoire culturelle, intellectuelle et artistique du XXIe siècle, est considérable.

Et d'abord, qu'on le veuille ou non, la langue française n'est plus la langue des seuls Français, encore moins celle d'une race ou d'une ethno-nation particulière. Si, de fait, ce que l'on appelle l'« identité française » se conjugue en français, le français, quant à lui, est désormais transnational. En d'autres termes, dès qu'il s'agit de la langue, la distinction ethno-nationalitaire entre « eux » et « nous », ou encore « nous » et « les étrangers » n'a plus aucune valeur. Or, c'est précisément sur cette discrimination que repose le système de la Francophonie.

La fonction de la Francophonie est de reproduire cette discrimination alors même que l'époque est à la déterritorialisation linguistique et à un brassage accéléré des idiomes. Ce phénomène est pour une grande part rendu possible grâce au développement des technologies numériques. Les langues véhiculaires de demain, celles du Tout-Monde, seront celles qui auront répondu de la manière la plus créative possible au défi du décentrement et de la virtualisation qu'imposent les systèmes techniques propres à notre époque. Dans ces conditions, numérisation et démographie aidant, c'est en Afrique que se joue de façon privilégiée l'avenir de la langue française. C'est en effet par l'immersion dans les médias numériques et par le plus grand nombre que les langues de demain s'exprimeront.

NUMÉRISATION ET DÉMOGRAPHIE AIDANT, C'EST EN AFRIQUE QUE SE JOUE DE MANIÈRE PRIVILÉGIÉE L'AVENIR DE LA LANGUE FRANÇAISE.

Or, si de nouvelles multitudes sont prêtes à embrasser la langue française, tel n'est pas le cas de la Francophonie, ce dispositif institutionnel d'un autre âge auquel Emmanuel Macron tient à tout prix, convaincu qu'il peut encore servir de véhicule au *soft power* à la française. Le chef de l'État et son conseil privé sur l'Afrique (qui ne compte, notons-le au passage, aucun intellectuel !) ont sans doute compris que le temps de la « Francophonie à la Papa » était terminé. Ils tienent cependant à la vieille camisole qu'ils s'efforcent, vaille que vaille, de rafistoler.

Au même moment et en temps réel, les jeunes générations regardent ailleurs. Ce n'est guère par la Francophonie que s'esquissent les nouvelles liaisons qu'elles entretiennent avec la machine ou les nouvelles manières de jouir à l'écran. C'est *via Tetris*, *Mario Bros*, *Pong*, *World of Warcraft* ou encore *Black Panther* que se combinent désormais désir, marchandise, information et que se reconfigurent les identités diasporiques. Vieille ficelle usée jusqu'à la corde, la Francophonie n'a rien à dire à ceux d'entre eux (et ils sont très nombreux) qui cherchent dans l'afrocentrisme, l'afropolitanisme et l'afrofuturisme les références dont ils ont besoin en cet âge de la grande disruption.

Tous ces grands mouvements (afrocentrisme, afropolitanisme, afrofuturisme) se proposent comme des réponses à ceux et celles qui se demandent comment devenir ce qu'ils ne sont pas encore. Ils rêvent d'une Afrique qui serait son propre centre, sa force et sa puissance propre dans le vaste monde. À cet imaginaire, la Francophonie n'a rien à proposer, sinon le monde rétréci d'une France repliée sur elle-même et qui ne conçoit l'autre que sous la figure de « l'étranger ». Entre-temps, aux États-Unis en particulier, de nouvelles couches diasporiques sont venues s'ajouter aux couches historiques datant de l'époque de l'esclavage. Elles viennent de partout – Nigeria, Kenya, Ouganda, Tanzanie, Zimbabwe, Cameroun, Ghana, Sénégal, Congo, Éthiopie, Soudan, Somalie, etc. Une nouvelle intelligentsia se lève et des communautés nouvelles se forment. Les relations entre ces diasporas et l'Afrique continentale se densifient.

En Europe, voire en Inde et jusqu'aux confins de la Chine, d'innombrables réseaux se tissent. Des professionnels formés à l'étranger retournent en Afrique. Des communautés africaines-américaines s'établissent dans des pays tels que le Ghana, le Nigeria, le Kenya ou l'Afrique du Sud. Des circulations neuves ont cours et ont ouvert la voie à une nouvelle période d'ébullition culturelle et artistique. Une autre conscience est en gestation. Un retournement du signe africain est donc en cours. Une autre Afrique est en train de faire son apparition dans le champ techno-cinématographique. Le même retournement peut être observé dans d'autres domaines tels que la production musicale, la peinture et la sculpture, la mode, le théâtre, l'industrie du vêtement, l'architecture, la littérature, la danse et surtout la pensée critique.

La Francophonie institutionnelle semble n'avoir rien à apporter à cette nouvelle étape de la bataille autour du signifiant « Afrique ». Véritable cautère sur une jambe de bois, elle n'a guère conscience du fait que les arts du XXIe siècle pourraient bien être africains. Que c'est ici que se joue une partie de l'avenir de la planète, ou encore qu'en termes démographiques, ou en ce qui concerne l'avenir climatique, les réserves d'eau et d'énergie, les richesses naturelles et la viabilité des espèces organiques, animales et végétales, c'est ici que le monde de demain est en train de prendre forme.

Emmanuel Macron mesure-t-il l'ampleur de ces glissements ? La « Saison des cultures africaines » (sans doute la seule idée à peu près originale émise par son conseil privé) sera-t-elle autre chose que l'exotisation de l'étranger à laquelle le public français a été longtemps habitué ? Que dire de son projet de Maison des cultures d'Afrique au parc de la Villette, actuellement entre les mains d'architectes et d'entrepreneurs qui n'ont aucune connaissance de l'histoire du continent ni des grandes idées qui l'agitent ? Le « *siècle de l'Afrique* » qu'il entrevoit est-il vraiment le même que celui que la pensée africaine et diasporique n'a cessé d'annoncer depuis le XIXe siècle ? Comment peut-il faire face aux mutations de grande ampleur en cours si son entourage continue de faire preuve d'une telle hostilité à l'égard des théories décoloniales dont l'influence sur tous les aspects de la création africaine contemporaine et sur les jeunes générations ne cesse de s'accroître ? Ou si, à ses yeux, le continent se ramène à une terre de migrants menacée par la bombe démographique, un comptoir marchand ou une terre de safaris militaires ?

La contradiction entre la Francophonie et les nouveaux imaginaires esquissés ci-dessus risque par conséquent de ne point s'atténuer.

Dé-francophoniser le français

Ce n'est pourtant pas la langue française en tant que telle qui est décriée. Ce qui est en procès, c'est un dispositif institutionnel que beaucoup accusent d'avoir été conçu afin de servir des buts contraires aux intérêts de l'Afrique. À plusieurs égards, la transformation du français en véritable langue-monde passera donc, paradoxalement, par la dé-francophonisation, c'est-à-dire le sevrage du lien entre la politique de la langue et la politique française de puissance.

LA TRANSFORMATION DU FRANÇAIS EN VÉRITABLE LANGUE-MONDE PASSE PARADOXALEMENT PAR LA DÉ-FRANCOPHONISATION.

Du côté africain, les choses ne sont pas moins complexes. Beaucoup ne comprennent pas que si le français n'est plus une langue étrangère, alors on ne peut plus continuer de l'opposer mécaniquement aux langues dites autochtones. Les choix de politique linguistique ne peuvent plus être fondés sur le présupposé selon lequel tout développement du français se solde nécessairement par la destruction des langues vernaculaires. Le français étant devenu l'une de nos multiples langues, c'est la manière dont il se métamorphose au contact de ces autres langues qui devrait désormais retenir notre attention.

Pour le reste, le français aura des chances de devenir une langue-monde si nous comprenons une bonne fois pour toutes qu'aucune langue n'est la propriété de qui que ce soit. Qu'il n'est besoin d'aucune autorisation pour l'habiter. Qu'il n'existe, en son sein, aucune frontière par définition infranchissable. Qu'au fond, l'Afrique est désormais tout aussi responsable du destin mondial du français que la France, le Québec et les autres. Les grandes langues de demain seront planétaires. Ayant largué leurs amarres, elles seront avant tout des langues en circulation. Le français ne deviendra pas une langue-monde sans la France. Mais le devenir-monde du français ne se fera pas aux dépens de l'Afrique. C'est une autre idée de l'en-commun que nous sommes donc appelés à inventer. Il se pourrait que la dé-francophonisation en soit le préalable.

LE FRANÇAIS NE DEVIENDRA PAS UNE LANGUE-MONDE SANS LA FRANCE. MAIS LE DEVENIR-MONDE DU FRANÇAIS NE SE FERA PAS AUX DÉPENS DE L'AFRIQUE.

Il faut par conséquent le redire et à haute voix. Nous sommes opposés à toute définition de la langue française qui aurait pour fondement une idéologie discriminatrice et ethnonationalitaire.

Nous sommes pour une langue-monde. Une langue-monde est celle qui n'oppose pas d'un côté un « nous » composé d'ethno-nationaux et de l'autre des « étrangers ». C'est une langue qui refuse que soient instaurées des frontières infranchissables en son sein.

S'il est une caractéristique du français dans le monde contemporain, c'est justement son caractère transnational et transversal, son potentiel en tant que langue planétaire. Ce potentiel, c'est nous qui en sommes les porteurs privilégiés et il ne saurait se réaliser à nos dépens. Voilà pourquoi nous en appelons à l'abolition des frontières au sein de la langue. Voilà pourquoi nous militons en faveur de sa libre circulation et de sa planétarisation.

Nous ne voulons pas d'un outil, la Francophonie, qui servirait de cache-sexe à une politique de la brutalité au service de régimes corrompus, une politique qui séparerait au lieu de tisser des relations ; une politique qui tournerait le dos au monde au lieu de l'embrasser ; une politique qui favoriserait l'enclavement des identités au lieu de faire en sorte qu'elles puissent être parcourues en tous sens ; une politique qui abandonnerait les arts et la culture aux forces du marché et de l'entreprise ou qui criminaliserait la solidarité à l'égard des migrants.

Nous militons pour une langue-monde, une langue planétaire, une langue de l'en-commun, véhicule de circulation au croisement des forces de vie et d'ouverture ; une langue dont l'humanité dans son ensemble pourrait se servir dans le but de partager des paroles neuves et engagées qui interrogent notre destin dans ce qu'il a de commun et de singulier.

Nous militons pour une langue française qui serait véritablement un bien commun et qui, n'appartenant à personne en particulier, ferait résolument partie du patrimoine de l'humanité tout entière.

Au sein de cette langue planétaire, nul ne viendrait d'ailleurs. Nul ne serait considéré comme « étranger ». Nul n'aurait besoin de visa. Tous et toutes jouiraient d'un droit égal de séjour dans la langue. Seul compterait le langage que chacun inventerait dans cette langue et grâce à elle. Voilà pourquoi entre la langue française et la Francophonie, nous choisissons la langue.

PAR FRANÇOISE VERGÈS

DÉCOLONISER LA LANGUE FRANÇAISE

Pour une politisation de la Francophonie

« *Et c'est ici une véritable révolution copernicienne qu'il faut imposer, tant est enracinée en Europe, et dans tous les partis, et dans tous les domaines, de l'extrême droite à l'extrême gauche, l'habitude de faire pour nous, l'habitude de disposer pour nous, l'habitude de penser pour nous, bref l'habitude de nous contester ce droit à l'initiative dont je parlais tout à l'heure et qui est, en définitive, le droit à la personnalité*[1]. » Nous sommes en 1956 quand Aimé Césaire écrit ces mots. De révolution copernicienne, il n'y en a pas eu. Et le droit de refuser l'« *habitude de faire pour nous, de disposer pour nous, de penser pour nous* » est toujours d'actualité. C'est en partant de cette remarque que je souhaite analyser les mesures que le gouvernement français actuel a annoncées pour sauver la « Francophonie ».

En se dégageant du court terme, de la réaction immédiate qui nous est imposée par le fonctionnement de l'information, et en appréhendant l'impérialisme culturel français dans le *temps long*, et dans ses reconfigurations, nous pouvons discerner ce qui persiste de cette *habitude*.

Dans *L'Ordre du discours*, Michel Foucault analyse comment, au moment même où une parole est enfin reconnue (il parle ici de la parole du « fou »), il faut étudier quelles institutions sont mises en place « *pour soupçonner que le partage, loin d'être effacé, joue autrement, selon des lignes différentes, à travers des institutions nouvelles et avec des effets qui ne sont point les mêmes* ». « *C'est toujours dans le maintien de la césure que s'exerce l'écoute* », poursuit-il. Ici, il s'agirait de comprendre comment un nouveau partage se déploie à travers de nouvelles lignes, et comment de nouvelles institutions maintiennent la césure, une césure qui indique que l'habitude française de penser pour *nous* – ici celles et ceux qui écrivent, lisent et parlent en français – est non seulement ancrée, mais est indispensable à la sauvegarde d'une certaine « idée de la France ».

Le rôle de l'intellectuel, écrivait Foucault dans le même ouvrage, est de nommer et de montrer ce qui est « réduit au silence » dans le discours, non pas par une « force brutale », mais par des procédures apparemment innocentes et qui passent inaperçues. Prenons d'entrée de jeu l'expression présidentielle « *en même temps* ». À première vue, aucune force brutale ici. À travers cette expression, le président cherche à établir une vérité qui repose sur l'équilibre, la modération, le pragmatisme et le refus de l'idéologie. Le passé colonial est passé au crible de cette grille de lecture. D'une part, condamnation de la colonisation comme «*crime contre l'humanité*», de l'autre, refus d'en rendre la France comptable. C'est «*un passé qui doit passer*», déclare-t-il à Ouagadougou en novembre 2017[2].

Le président estime d'ailleurs que «*cela fait longtemps [que la France] a assumé*» son passé colonial. Car si des crimes ont eu lieu, il y a eu *en même temps*, «*des histoires d'amour*», «*des grandes choses et des histoires heureuses*»[3]. Le français a été la langue de la torture, mais *en même temps*, celle de la liberté. C'est ainsi que s'établit une dépolitisation. Or est-il possible de dépolitiser le passé colonial, d'en faire une question de choix personnel – c'est-à-dire en être prisonnier ou pas ? Pour sa part, le président ne veut justement pas en être «*prisonnier*[4]»: il s'agit au contraire d'en être redevable, d'assumer les conséquences des siècles d'esclavage et de colonialisme qui ont produit néocolonialisme, axe Nord/Sud, asymétrie des échanges, racisme, inégalités, discriminations, guerres coloniales, politiques de dépossession, exil, richesse du capitalisme français…

Le 20 mars, lors de la Journée de la Francophonie, le président a cité nombre d'écrivains et de penseurs, repris des concepts d'Édouard Glissant, répondu à des questions que nous avions rendues publiques les semaines précédentes (le français comme langue des tyrans, des colons et des tortionnaires; le coût d'un livre en français; l'enseignement du français), et a annoncé la création de nouvelles institutions, de journées consacrées à différentes facettes de la francophonie, d'un Collège des Francophonies, d'un château rénové pour devenir un «laboratoire de la Francophonie», d'États généraux de l'édition en français, de mesures pour l'enseignement du français et d'une résidence universitaire exclusivement dédiée à cent cinquante «étudiants francophones»[5]. Ces annonces font suite à la création d'un Conseil présidentiel pour l'Afrique, aux discours prononcés à Alger et à Ouagadougou et à la nomination de Leïla Slimani au poste de représentante personnelle pour la Francophonie. Finalement, le président a confié à l'écrivain et universitaire sénégalais Felwine Sarr et à l'historienne d'art Bénédicte Savoy la mission d'étudier la restitution à des pays africains d'œuvres d'art actuellement en France. Ces annonces sont-elles la preuve que la France n'est plus prisonnière de la colonisation ?

Une tentative française de reformuler son rapport à l'Afrique

L'Afrique a toujours forcé la France à élaborer un vocabulaire spécifique en vue d'accompagner ses pratiques – que ce soit la justification de la traite, du discours colonial républicain et de celui de l'Union française, de la coopération, du copartenariat, du codéveloppement, des interventions armées…

Après la Seconde Guerre mondiale – et dans un contexte de décolonisation –, la France dut renoncer dans ses discours officiels à un vocabulaire ouvertement colonial et racial, s'inscrivant dans une logique de condamnation du racisme qui tendait à s'universaliser (ce qui n'empêcha pas que des pratiques racistes se poursuivent, mais je parle ici d'une reconfiguration discursive). Au moment des indépendances, la France devait repenser son rapport à l'Afrique, mais elle maintint une forte ingérence économique et politique dans ses anciennes colonies. Ce système que l'on dénommera plus tard « Françafrique » a été mis à distance et dénoncé par les présidents français successifs depuis les années 1950 – dans le discours uniquement.

La France a dû s'adapter aux transformations en Afrique et aux transformations au niveau global du capitalisme et des impérialismes. Son soutien à des gouvernements brutaux et corrompus a toujours eu pour but de préserver les intérêts du capitalisme français car, sans l'Afrique, pas d'accès à certaines matières premières, sans l'Afrique, pas de terrain d'expérimentation, sans l'Afrique, pas de main-d'œuvre. Que serait le groupe Bolloré sans l'empire qu'il a créé dans des pays africains grâce au soutien de l'État français, de régimes dictatoriaux et des privatisations imposées par les programmes d'ajustement structurel de la Banque mondiale et du FMI dans les années 1980 ? Que serait la France sans son accès privilégié à l'uranium nigérien, dont dépend 80 % de sa production électrique ? Que serait l'industrie française de l'armement si elle ne signait aucun contrat avec les dirigeants africains – transactions qui représentent quatre milliards d'euros pour la seule période 2012-2016 ?

Face à une concurrence mondiale de plus en plus féroce et à une nouvelle Afrique intellectuelle, artistique et politique, « *le premier objectif de la France est de pérenniser et d'étendre son influence dans ce continent d'avenir, que toutes les puissances installées et émergentes courtisent*[6] ». Avant, pendant et après la colonisation, le premier objectif est donc resté le même : défendre les intérêts français en Afrique[7]. Les entreprises françaises s'adaptent à cette nouvelle donne : alors qu'elles visaient les ressources naturelles, elles se déploient aujourd'hui sur d'autres terrains (secteur bancaire, du mobile, de la publicité)[8].

La dépendance de la France à l'Afrique

L'enrichissement de la France n'est pas dû à un quelconque génie français ou à des qualités singulières et exceptionnelles, mais aux profits tirés de la traite négrière, de l'esclavage, de la force militaire, des politiques de dépossession, des lois raciales (Code noir, Code de l'indigénat) et, depuis la fin de l'empire colonial, des profits tirés d'accords financiers et économiques bilatéraux ou internationaux qui protègent sa suprématie. Mais *l'Afrique change la donne* et force à une réévaluation des politiques françaises. De manière plus radicale que jamais.

Le continent a enfin rattrapé le déficit démographique produit par la saignée de la traite et la forte mortalité induite par les politiques coloniales et postcoloniales. Il est, à travers sa nouvelle affirmation d'une manière d'être au monde, le sol de pensées, arts,

LE SOUTIEN DE LA FRANCE À DES GOUVERNEMENTS BRUTAUX ET CORROMPUS A TOUJOURS EU POUR BUT DE PRÉSERVER LES INTÉRÊTS DU CAPITALISME FRANÇAIS.

littératures, découvertes techniques et scientifiques *in situ*. Et si satrapes et dictateurs s'accrochent au pouvoir, le paysage politique change inexorablement. D'une part, des mouvements citoyens, de femmes, de paysans, de citadins s'emparent des problèmes ignorés par les gouvernements et délaissés par les institutions internationales afin de poser les termes de leur résolution. D'autre part, le continent n'est plus celui de paysans pauvres ou d'affamés (ce qu'il n'a jamais réellement été), mais aussi celui de banquiers, d'artistes reconnus internationalement, d'entrepreneurs, d'hommes et de femmes d'affaires. Il suffit de lire les magazines africains de business et d'économie pour s'en convaincre. On les trouve à Dubaï, Lagos, Shanghai, Addis-Abeba, Bangkok…

Les migrations africaines dessinent de nouveaux réseaux familiaux, culturels et commerçants. Si l'axe Nord/Sud est toujours opérant, il est concurrencé par des routes économiques Sud/Sud. Il ne s'agit pas d'ignorer ici les tensions, les inégalités, les guerres, les nouvelles politiques de dépossession ou l'asymétrie des échanges, ni de tomber dans un optimisme béat, mais de partir de réalités multiples et entremêlées. Et ces réalités font du continent africain, du nord au sud et d'est en ouest, un espace qui contribue à une redistribution des cartes au niveau mondial. Elles nous imposent de repenser les formes de régionalisation et de globalisation à l'œuvre. L'Afrique oblige à réviser le discours de la suprématie européenne.

La langue française échappe à la France

Sur les sept cents millions de personnes qui parleront le français en 2050, 80 % seront africaines. Sans l'Afrique, le français ne serait parlé que par quelques dizaines de millions de locuteurs. Paris ne peut plus décider seule comment l'on doit parler et écrire le français. Et cela remet profondément en question le rôle que la France s'est arrogé de faire *pour*, de disposer *pour*, de penser *pour*. La césure que nous évoquions se maintient à travers la responsabilité que s'attribue la France de présider à un changement de politique autour de la Francophonie. Elle souhaite conserver cette position de « guide éclairé » qu'elle s'est donnée depuis qu'elle colonise.

L'AFRIQUE OBLIGE À RÉVISER LE DISCOURS DE LA SUPRÉMATIE EUROPÉENNE.

Quel est le rôle des Africains et des autres détenteurs de la langue française dans la conceptualisation et la mise en œuvre des décisions ? Et je ne parle pas des représentants des gouvernements qui siègent ici et là. Car n'est-ce pas aux Africains de développer les politiques à venir autour de cette langue ? N'est-il pas indispensable qu'ils soient associés *dès le départ* à l'élaboration du cursus de l'enseignement du français afin que ne se perpétue pas le genre d'enseignement que tant d'entre nous ont connu dans les « outre-mer » et qui a notamment contribué à de terribles taux d'illettrisme ? Que dire des programmes des humanités en langue française, des axes de recherche en sciences humaines et de la nature, en archéologie, architecture, linguistique, musicologie ? Car si, comme l'a dit Emmanuel Macron, la langue française est devenue une « *langue-monde* », ses nouveaux « propriétaires » en sont dépositaires au même titre que celles et ceux qui en ont inventé les règles. C'est donc une entreprise de décolonisation de la Francophonie et de dénationalisation de la langue française dans sa dimension mondiale qu'il faut entreprendre.

SI LA LANGUE FRANÇAISE EST DEVENUE UNE « *LANGUE-MONDE* », SES NOUVEAUX « PROPRIÉTAIRES » EN SONT DÉPOSITAIRES AU MÊME TITRE QUE CELLES ET CEUX QUI EN ONT INVENTÉ LES RÈGLES.

Ne pas confondre langue et colonisation

Nous, depuis les Sud où se parle et s'écrit la langue française, n'avons jamais confondu langue et colonisation. Nous savons que la langue française a été celle des esclavagistes, que la loi esclavagiste et la loi coloniale ont été écrites en français, comme les textes justifiant les interventions impérialistes ou la Françafrique. Nous savons que la langue française est toujours utilisée afin de marquer une division de classe et d'humilier les locutrices et locuteurs qui s'expriment dans une langue dite « minoritaire » ou « populaire », ou qui la parlent avec des accents identifiés à une classe ou une région. La langue n'est jamais neutre, elle peut servir à stigmatiser, à remettre l'autre « à sa place ».

Mais nous savons aussi que les révolutionnaires haïtiens ont écrit la constitution de la République d'Haïti *en français*, que des anticoloniaux ont écrit leurs textes *en français*. Nous avons lu *en français* Aimé Césaire, Frantz Fanon, Michel Foucault, Maryse Condé, Sigmund Freud, Edward Saïd, Simone de Beauvoir, Léon-Gontran Damas, les textes des penseurs et écrivains africains, comme les traductions *en français* de penseurs et d'écrivains sud-américains, asiatiques et africains.

Nous n'avons donc aucune hésitation à nous saisir de cette langue, à la lire, la parler, l'écrire. Confondre nos analyses critiques avec une réduction de la langue française à la langue du colon, c'est nous faire injure. En revanche, nous nous autorisons à questionner, critiquer, interroger ce qui se dit *en français* quand ce qui se dit, se proclame, se décrète est à nos yeux inique et injuste.

Un *soft power* disciplinaire

Les mesures annoncées par le gouvernement français ne cherchent-elles pas à maintenir à distance l'émergence d'un *inattendu*, quelque chose en formation, mais qui n'est pas encore advenu et qui, pour advenir, aurait besoin de ne pas *être pensé pour* – une tentative de discipliner ce qui échappe, en quelque sorte ? Car, à travers ce *soft power*, le but n'est-il pas « *de sublimer sous de nouveaux langages, symboliques, culturels, une hégémonie française dont les ambitions matérielles*

NOUS N'AVONS AUCUNE HÉSITATION A NOUS SAISIR DE CETTE LANGUE, À LA LIRE, LA PARLER, À L'ÉCRIRE.

– militaires et économiques – demeurent inchangées en Afrique depuis plus de cinquante ans », selon les mots de la philosophe Yala Kisukidi ? Autrement dit, rien de nouveau. Ce *soft power* aura-t-il le pouvoir d'attraction – mortifère, mais puissant – de celui des décennies passées qui encouragea la promotion des « évolués », selon la terminologie coloniale ? Frantz Fanon décrit, dans *Peau noire, Masques blancs*, ce processus d'attraction *et* d'aliénation, ce désir d'appartenir à l'universel français *et* la perte de soi dans cet universel abstrait. La volonté du colonisateur était de modifier l'« *éthos de la société conquise*[9] » ; il a partiellement réussi.

Langue française et fémonationalisme

La langue française serait désormais celle de la jeunesse, du dynamisme, du futur, de la liberté. Il y aurait *enfin* du nouveau, donc implicitement du *mieux*. Sous la présidence d'Emmanuel Macron, les filles et jeunes filles africaines et musulmanes font l'objet d'une attention particulière. La mission de Leïla Slimani est d'ailleurs claire : il s'agit de représenter « *une politique francophone ouverte, en action, centrée sur des projets concrets liés aux priorités du président de la République telles que l'éducation, la culture, l'égalité femmes-hommes, l'insertion professionnelle et la mobilité des jeunes, la lutte contre le dérèglement climatique et le développement du numérique*[10] ». En relisant cette phrase, encore et encore, je me demande bien ce qu'elle veut dire : comment une « *politique francophone* » est-elle « ouverte et en action » ? Qu'est-ce qui, dans les précédentes, était fermé et passif ? Sur quelles bases et de quelle manière la politique francophone va-t-elle être liée à un projet comme celui de l'égalité femmes-hommes ? En quoi la langue française pourrait-elle mieux promouvoir cette égalité que n'importe quelle autre langue ?

La Francophonie se veut désormais ouvertement féministe. À plusieurs reprises, il est précisé que la priorité sera donnée aux filles et aux jeunes filles d'Afrique. Le problème, c'est que l'on se souvient de certains précédents, comme en novembre 2017 : « *Quand des pays ont encore sept à huit enfants par femme, vous pouvez décider de dépenser des milliards d'euros, vous ne stabiliserez rien* », disait alors Emmanuel Macron. Nous avions alors été quelques-unes à écrire ce que nous pensions de la politique esclavagiste et coloniale de gestion du ventre des femmes noires, des interventions de l'État sur la natalité et la migration (deux politiques toujours entremêlées), en somme, du *fémonationalisme à la française*.

Selon la philosophe Elsa Dorlin, « *la promotion des femmes africaines, forme de sélection genrée, n'est qu'un autre moyen d'ériger des frontières de race et de creuser des lignes de couleur*[11] ». À Ouagadougou, le président avait promis que les bourses d'études seraient offertes par les consulats français en priorité à des jeunes filles. Aux étudiants du Burkina Faso, il avait précisé : « *Mais je vous le dis avec la même franchise, je regarde avec inquiétude, parfois dans certains quartiers de mon propre pays, la déscolarisation des jeunes filles progresser, et je le vois dans certains pays africains. Si l'Afrique veut réussir, et la France avec elle, ce grand basculement du monde, nous devons former tout le monde et éduquer tout le monde, nous devons éduquer les jeunes filles, nous devons avoir des jeunes filles et des femmes libres, libres de choisir.* » L'emprunt au lexique du féminisme est dans la continuité du fémocolonialisme français. Dans sa réactualisation, le président établit un lien entre la « *déscolarisation* » des jeunes filles dans « *certains* » quartiers de France et dans « *certains* » pays africains. Les communautés implicitement identifiées – musulmanes, noires, migrantes, africaines, comoriennes… – seraient dominées par un patriarcat qui n'aurait pas encore expérimenté les Lumières, et ce serait à la France d'arracher ces filles et jeunes filles à l'obscurantisme de leur communauté en leur offrant l'éducation qui leur permettra d'être des femmes « *libres de choisir* ».

En tant que mères, elles sont une menace, mais en tant que filles, elles peuvent devenir des auxiliaires de l'impérialisme et du capitalisme néolibéral, lesquels ont besoin d'un visage féminin qui ne peut plus être exclusivement occidental. Un prolongement entre la politique coloniale et l'actuelle politique étatique émerge qui, pour reprendre la formule de Frantz Fanon, peut être ainsi résumé : « *Ayons les femmes, le reste suivra.* » Le fémocolonialisme du gouvernement français reprend les idées de l'administration coloniale qui (c'est toujours Fanon qui parle) « *veut défendre solennellement la femme humiliée, mise à l'écart, cloîtrée… On décrit les possibilités immenses de la femme, malheureusement transformée par l'homme […] en objet inerte, démonétisé, voire déshumanisé*[12] ». Derrière cette défense de l'éducation des filles se dessine la rivalité impérialiste entre hommes – ceux qui détiennent la richesse (les milliards dépensés) ont le respect des femmes et défendent leur libre choix ; les autres sont ceux qui déscolarisent les filles, les voilent, les humilient, les cloîtrent.

Si le président souhaitait réellement améliorer les conditions matérielles des femmes afin de faciliter leurs choix, il n'aurait pas fait en sorte que la loi Travail soit plus favorable aux employeurs. Au moment où des grèves mettent au jour les formes d'exploitation que subissent les femmes racisées chargées de nettoyer les gares, les hôtels, les bureaux, il devient évident que nous ne saurions être dupes de ce féminisme de classe et de race.

Avant de faire la leçon aux Africains et de chercher à séduire les Africaines, il faudrait déjà assurer, par des actions concrètes, l'égalité dans son propre pays, décoloniser le récit historique, décoloniser l'enseignement, faire en sorte que l'école française ne continue pas de « *fabriquer de l'injustice scolaire* ». En 2016, l'OCDE faisait de la France la championne des inégalités à l'école, pointait l'existence d'une « *discrimination négative* » et décrivait une ségrégation raciale et sociale des écoles et des collèges. Ce ne sont donc pas « *certaines* » communautés qui seraient responsables de l'échec scolaire, mais les politiques de l'État.

AVANT DE FAIRE LA LEÇON AUX AFRICAINS ET DE CHERCHER À SÉDUIRE LES AFRICAINES, IL FAUDRAIT DÉJÀ ASSURER, PAR DES ACTIONS CONCRÈTES, L'ÉGALITÉ ENTRE HOMMES ET FEMMES DANS SON PROPRE PAYS.

Œuvres d'arts captives

À Ouagadougou, Emmanuel Macron déclarait : « *Le patrimoine africain ne peut pas être uniquement dans des collections privées et des musées européens. Il doit être mis en valeur à Paris, mais aussi à Dakar, Lagos, Cotonou [...]. Ce sera l'une de mes priorités. D'ici cinq ans, je veux que les conditions soient réunies pour un retour du patrimoine africain à l'Afrique. [...] Le patrimoine africain ne peut pas être prisonnier de musées européens.* » Mission a donc été confiée à Bénédicte Savoy et Felwine Sarr. Au fait des résistances à la restitution, ils envisagent de créer des ateliers afin d'« *orchestrer une polyphonie entre ceux qui encouragent cette restitution et ceux qui la freinent* ». Bénédicte Savoy, qui voit dans cette décision une « *révolution* », remarque qu'elle a provoqué la « *stupéfaction de la presse occidentale devant "cet événement tectonique"* »[13]. Pour Felwine Sarr, « *nous sommes dans une question de symboles, de sens et d'histoire. [...] Maintenant que la porte est entrouverte, des pays [africains] vont s'engager*[14] ».

Le fait est établi, les musées européens regorgent d'objets et de tableaux pillés lors de campagnes militaires, rapportés comme butin de guerres ou volés à leurs propriétaires – comme dans le cas des objets d'art volés aux juifs pendant la Seconde Guerre mondiale et qui ont été en partie restitués. Napoléon avait rapporté de ses campagnes d'Italie et d'Égypte des milliers d'artefacts ; la colonisation a enrichi les collections muséales. Mais les termes de « spoliation » et de « vol » font controverse. Pourtant, dans *L'Afrique fantôme*, Michel Leiris ne cache pas que le vol d'objets de culte lors de la mission Dakar/Djibouti de 1931-1933 était tout à fait organisé. Au terme de « *spoliation* » qui « *parle du point de vue des victimes. Pas des vainqueurs* », Bénédicte Savoy oppose le « *terme plus neutre de translocation* »[15]. Elle ne cherche pas, écrit-elle, à « *dépolitiser le débat* », mais à y « *faire entrer toutes les catégories d'appropriation d'œuvres d'art et du patrimoine aux dépens d'un plus faible, économiquement ou militairement. Car les guerres ne sont qu'une sous-catégorie. La dispersion de l'art africain aux* XIX*e et* XX*e siècles ne résulte pas que de la guerre ou de la colonisation. Après la décolonisation, elle est due au marché de l'art* »[16]. Revendiquer l'emploi d'un « *terme plus neutre* » fait écho à une leçon éculée : il s'agit de sortir de sa « position de victime » liée au passé colonial et/ou au présent postcolonial. Mais cela fait longtemps que, pour échapper à cette binarité, *nous* avons proposé les notions de créolisation, d'hybridité, de zones de contact, de bricolage, et étudié les phénomènes et processus qui en découlent.

Les ouvrages abondent sur les créations de l'Atlantique noir, les mondes enchevêtrés de l'océan Indien et du Pacifique, les cultures de frange, les marronnages, les biographies d'objets, les littératures diasporiques... La jeunesse qui parle en français à Port-au-Prince ou à Dakar, à Port-Louis ou à Cayenne n'a pas du tout envie d'être dans la victimisation. Mais victime et victimisation ne sont pas synonymes. Les victimes existent. De guerres, de migrations forcées, de l'absence des institutions de santé, de viols, de politiques du meurtre, du racisme, de l'exploitation. Étudier les formes historiques de la cruauté, de la barbarie, des politiques du vol et de la spoliation, ce n'est pas tomber dans la victimologie.

Et pour revenir au monde des arts, le marché officiel n'est pas le seul terrain sur lequel s'écoulent ces créations. Selon l'Unesco, le trafic des œuvres d'art volées représenterait aujourd'hui un marché de cinq à sept milliards de dollars par an. Ce domaine en pleine expansion car très lucratif se développe notamment sur le continent africain. Alain Godonou, l'ancien directeur de l'École du patrimoine africain, estime que les pays africains perdent chaque jour une part de leur patrimoine, à l'image du site archéologique de Bura, au Niger, dont 90 % des trésors auraient été pillés. S'il est évident que la grille de lecture qui enferme le débat dans une logique binaire n'a aucun intérêt, qu'aucune politique n'est entièrement hégémonique, que toujours des éléments échappent, que les pratiques du marronnage, du détournement ou de la ruse sont toujours présentes, on ne peut cependant ignorer comment opèrent l'avidité et le fétichisme de l'objet.

Au pillage des œuvres d'art et des matières premières s'ajoute celui de la propriété intellectuelle – qui fut l'une des armes du colonialisme et de l'impérialisme (comme le vol de savoirs issus de la médecine vernaculaire, par exemple dans l'utilisation des plantes). Ces pillages font l'objet d'âpres discussions au niveau mondial, l'Occident cherchant à maintenir sa suprématie. Cela démontre une fois de plus qu'il est urgent de politiser la question de la Francophonie : le français est aussi la langue des contrats économiques, des accords militaires et d'une idéologie de la suprématie intellectuelle.

Démolir la prison coloniale

Le déficit de confiance est un des obstacles les plus importants à la transformation des relations entre la France, les Afro-descendants et les Africains. Promesses trahies, soutien sans faille à des dictateurs, politiques répressives des migrants, renforcement des frontières de la forteresse Europe, dépolitisation des problèmes, continuités dans les nouvelles institutions, racisme, antiféminisme par la promotion d'un fémonationalisme et d'un fémocolonialisme… Comment rétablir la confiance face à des politiques concrètes d'exclusion et à un double langage ?

Surmonter le manque de confiance est une question *foncièrement politique*. Un discours n'y suffira pas. Les faits démontrent chaque jour la prégnance du racisme structurel et l'effet-retour des siècles de colonialisme. Dans l'espace de la République, les statistiques concernant les Afro-descendants des « outre-mer » (même si les statistiques ethniques sont interdites) révèlent le poids du passé colonial : plus hauts taux de pauvreté, de chômage, de mort par AVC, de mortalité infantile, de diabète… et espérance de vie inférieure à la moyenne nationale.

Dans l'Hexagone, les discriminations envers les Afro-descendants ont été évaluées par le Défenseur des droits ou le Conseil

SURMONTER LE MANQUE DE CONFIANCE EST UNE QUESTION POLITIQUE. LES DISCOURS N'Y SUFFIRONT PAS TANT QUE LES FAITS DÉMONTRERONT CHAQUE JOUR LA PRÉGNANCE DU RACISME STRUCTUREL ET L'EFFET-RETOUR DES SIÈCLES DE COLONIALISME.

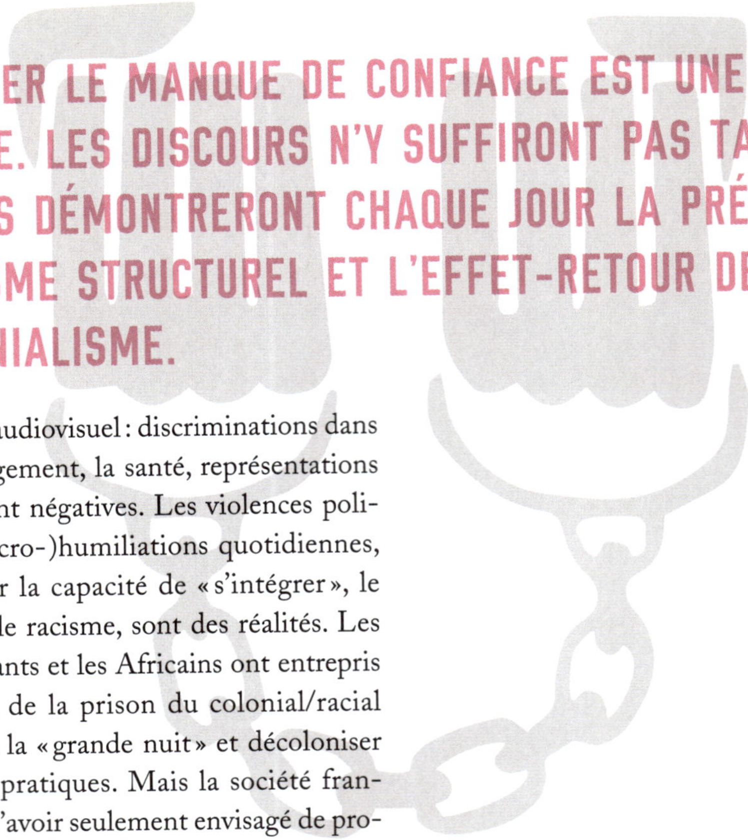

supérieur de l'audiovisuel : discriminations dans l'emploi, le logement, la santé, représentations majoritairement négatives. Les violences policières, les (micro-)humiliations quotidiennes, le soupçon sur la capacité de « s'intégrer », le paternalisme, le racisme, sont des réalités. Les Afro-descendants et les Africains ont entrepris la démolition de la prison du colonial/racial pour sortir de la « grande nuit » et décoloniser mentalités et pratiques. Mais la société française est loin d'avoir seulement envisagé de procéder à sa propre décolonisation. Est-elle prête à renoncer à ses privilèges ?

Le débat sur la Francophonie ouvert par les annonces du président de la République française nous oblige à penser, à élaborer une théorie de la « post-Francophonie ». Nous devons soutenir les initiatives des Afro-descendants, refuser qu'elles soient accusées de communautarisme. Tout simplement, nous devons être solidaires et rester fidèles à la méthode que nos aînés nous ont enseignée : résister à la fragmentation des problèmes, au classement en étroites catégories, mais au contraire produire et suivre des analyses transversales, intersectionnelles, attentives au genre, à la classe, aux processus de racialisation ; une lutte sensible aux entremêlements du vivant.

1. A. Césaire, <http://lmsi.net/Lettre-a-Maurice-Thorez>.
2. <www.tdg.ch/monde/macron-condamne-crimes-colonisation/story/10955683>.
3. À un Algérien qui lui disait lors de son passage à Alger, le 7 décembre 2017, « *Il faut que la France assume son passé colonial* », et accusait la France de l'éviter, Emmanuel Macron répondait : « *Qui évite quoi ? J'évite de venir vous voir ? J'évite de dire ce qui s'est passé ? Mais il s'est passé des choses, comme je l'ai dit. Il y a des gens qui ont vécu des histoires d'amour ici. Il y a des Français qui aiment encore terriblement l'Algérie, qui ont contribué et qui ont fait des belles choses, il y en a qui ont fait des choses atroces. On a cette histoire entre nous, mais moi je n'en suis pas prisonnier* », propos rapporté par F. Quivoron, <www.rtl.fr/actu/international/echange-tendu-entre-emmanuel-macron-et-un-algerien-sur-la-colonisation-7791302618>.
4. F. Quivoron, « Échange tendu », *ibid.*
5. J'ai écouté et pris note, mais il se peut que j'aie oublié certaines des propositions.
6. Raphaël Rossignol, <defense.gouv.fr>.
7. Et contrairement à une idée reçue, les concurrents des entreprises françaises sont avant tout des entreprises africaines (43 % des concurrents contre 22 % en provenance d'Asie et 13 % d'Amérique).
8. L'Observatoire du développement international constate « *une tendance changeante, puisque l'exploitation des ressources n'est citée que par moins de 10 % des entreprises* ». Les directions sont françaises, mais 60 % des employés de ces entreprises sont africains. C'est aussi à ça que sert la Francophonie : fournir une main-d'œuvre locale.
M. Le Cam, <www.lemonde.fr/afrique/article/2015/12/23/les-francais-investissent-de-plus-en-plus-en-afrique_4837088_3212.html>.
9. F. Colonna, *Instituteurs algériens, 1883-1939*, Presses de la FNSP, Paris, 1975.
10. Communiqué de l'Élysée du 6 novembre 2017.
11. E. Dorlin, <www.lemonde.fr/afrique/article/2017/11/30/macron-les-femmes-et-l-afrique-un-discours-de-selection-sexuelle-et-de-triage-colonial_5222794_3212.html#rdHf1XXtXJjeUPJh.99>.
12. F. Fanon, *L'An V de la Révolution algérienne*, Maspero, Paris, 1959 (réédité en 1968 sous le titre *Sociologie d'une révolution*), chapitre I, « L'Algérie se dévoile ».
13. B. Savoy, <www.lemonde.fr/idees/article/2018/01/12/restitutions-du-patrimoine-africain-il-faut-y-aller-dans-la-joie_5240693_3232.html>.
14. P. Lepidi, <www.lemonde.fr/afrique/article/2018/03/22/restitution-du-patrimoine-africain-nous-sommes-face-a-un-defihistorique_5274971_3212.html>.
15. F. Lemaître, <www.lemonde.fr/festival/article/2017/08/17/l-art-butin-de-guerre-le-mutisme-des-musees_5173391_4415198.html>.
16. *Ibid.*

PAR **NADIA YALA KISUKIDI**

FRANCOPHONIE, UN NOUVEAU *FRENCH POWER*?

La diplomatie de l'attractivité

Depuis le déplacement du président Macron au Burkina Faso en novembre 2017, l'Afrique est à l'honneur dans le discours des autorités françaises. Déclarations sur la refondation de la Francophonie, commission de travail sur la restitution des œuvres d'art spoliées pendant la colonisation, appel à l'amplification de la coopération universitaire avec le continent africain, mission pour repenser les modalités d'intervention de l'Agence française de développement… Une « nouvelle donne » s'installe.

Les récentes projections macroéconomiques de la Banque africaine de développement (BAD) prévoient une accélération de la croissance du continent africain durant les années 2018-2019, prolongeant l'embellie de 2017. Si cette croissance ne profite pas directement aux populations et ne s'accompagne pas d'investissements soutenus dans le domaine des infrastructures, le continent attire toutefois de nombreux acteurs économiques mondiaux.

Par ailleurs, il n'est plus possible d'ignorer les dynamismes, les forces plurielles (intellectuelles, artistiques, politiques, sociales, économiques…) qui émergent dans les mondes africains et afro-diasporiques francophones. Ces forces, autonomes, émancipées de l'influence française, s'organisent autour des relais, des dialogues, des soutiens qu'elles forgent entre elles. Elles constituent des espaces critiques capables, *via* des réseaux médiatiques multiples, hétérogènes, d'ouvrir des débats sur le devenir du continent ou les conditions de vie des Afro-descendants en France.

La France est confrontée à des concurrences économiques reconfigurées et aux nouveaux visages des forces critiques africaines et afro-diasporiques. Elle fait face, également, aux problématiques sécuritaires liées à ses interventions militaires contre le terrorisme dans la zone saharo-sahélienne. Confronté à ces réalités, l'État français doit repenser les modalités de sa présence sur le continent s'il veut rester un acteur stratégique en Afrique.

Réenchanter le nom « France »

Dans ce contexte, la Francophonie constitue un enjeu géopolitique important. Au cœur des préoccupations du président Macron depuis le discours d'ouverture de la conférence des ambassadeurs à la fin du mois d'août 2017, la défense de la Francophonie assure la promotion stratégique de politiques de l'éducation, de la langue et de la culture. Ces politiques sont traversées par une même visée, symbolique, idéologique : réenchanter le nom « France ». Réinvestir de désir un nom abîmé par les pratiques de l'État français en Afrique pendant la colonisation comme depuis les indépendances. Séduire à nouveau les Africains et les Français eux-mêmes, dans toute leur diversité, au moment où la scène politique internationale, saisie par les conservatismes de tous ordres, ne permet pas de se projeter dans un futur réjouissant.

CES POLITIQUES SONT TRAVERSÉES PAR UNE MÊME VISÉE, SYMBOLIQUE, IDÉOLOGIQUE : RÉENCHANTER LE NOM « FRANCE ».

Il ne sera plus possible de se reposer sur des attributs de la puissance pure (ressources militaires et économiques) qui fonctionnent sur les modes de la contrainte et de l'oppression. Mais aujourd'hui plus qu'hier, il faudra séduire. La France devra déployer tous ses atours et trouver les moyens de se rendre désirable. Telle est l'orientation de la politique africaine de la France : consolider, réaffirmer une diplomatie douce, une « *diplomatie de l'attractivité* » pour reprendre les mots du président Macron – soit définir les contours d'un *soft power* à la française.

La querelle des Anciens et des Modernes

L'idée de *soft power*, développée par Joseph Nye durant les années 1990, implique une manière spécifique de définir, de caractériser la puissance d'un État, qui ne repose pas uniquement sur son niveau de richesse et sur l'importance de son stock d'armes, mais également sur son image, sa tolérance à l'égard de problématiques sociales, l'espoir qu'il peut incarner, son histoire, son attractivité (culture, religion, innovation technologique, etc.). *Soft power* à la française : il s'agirait donc de sublimer sous de nouveaux langages symboliques et culturels une hégémonie française dont les ambitions matérielles – militaires et économiques – demeurent inchangées en Afrique depuis plus de cinquante ans.

Le renforcement de cette diplomatie douce s'effectue dans un contexte où l'image de la France est parfois très altérée : soutien aux dictatures, opérations militaires controversées, legs d'une histoire coloniale qui ne passe pas… L'engagement de la France au Rwanda en 1994 a été éclairé d'un nouveau jour par la publication de l'ouvrage *Rwanda, la fin du silence*, de l'ancien officier de l'armée de terre Guillaume Ancel. Le rôle joué par l'État français lors du génocide des Tutsi – aujourd'hui encore marqué par de nombreuses zones d'ombre – témoigne de l'ambiguïté des relations que la France entretient avec l'Afrique : sa stratégie diplomatique de *soft power* est ainsi mise à mal, au moment même où le président rwandais Paul Kagame prend la tête de l'Union africaine…

Les accusations de « néocolonialisme », les spectres d'une « Françafrique », au demeurant bien vivante, relancent la querelle « des Anciens et des Modernes ». Cette querelle oppose ceux qui veulent préserver une « relation privilégiée » entre la France et l'Afrique à ceux qui souhaiteraient une pleine réforme des relations franco-africaines. Dans ce cadre, la politique de la Francophonie permettrait de poursuivre un objectif précis : rénover une politique africaine sujette à polémiques en plaçant résolument l'exécutif français du côté des Modernes.

Un nouveau « ni... ni »

La question coloniale fait à ce titre l'objet d'un nouveau discours qui tranche avec celui des mandatures précédentes. À l'occasion de différents déplacements sur le continent africain, le président français Emmanuel Macron a déclaré que la colonisation française en Afrique s'était accompagnée de crimes incontestables. Ce point ne peut plus faire objet de débat pour une « *génération qui n'a jamais connu l'Afrique comme un continent colonisé* ». Ces prises de parole, dont on ne peut que se réjouir, sont cependant nuancées par la référence générationnelle.

Cet argument autorise des oublis et de nouvelles narrations qui prennent certaines libertés avec le passé mais aussi avec le présent. En incarnant une « *génération* », le président ménage les susceptibilités, les mémoires blessées et conflictuelles du fait colonial en France mais surtout, il contribue à dépolitiser l'histoire présente de la relation franco-africaine, marquée par l'ambivalence. À la suite du fameux « *ni ingérence ni indifférence* » qui définissait la politique africaine du gouvernement Jospin en 1997, le temps d'un nouveau « *ni... ni* » a sonné. « *Ni repentance ni déni* », une *autre* relation de la France avec l'Afrique est *possible.*

Ces prises de position, qui placent en leur cœur le traitement de la *chose coloniale*, ont le mérite de clore les polémiques rances sur les « *aspects positifs* » de la colonisation française, qui saturent le débat public depuis les propositions des lois mémorielles de 2005. Par ailleurs, elles font entendre une autre voix au sein de l'Europe – gangrenée par l'extrême droite et les replis identitaires.

Mais elles écartent le débat en absorbant aussitôt un ensemble d'orientations politiques critiques qui circulent aujourd'hui dans les courants panafricains, post/décoloniaux, ou autrement progressistes. La nouvelle donne hégémonique inscrit les critiques contre-hégémoniques dans son propre langage et les piège en les rendant proprement inaudibles.

Les dénonciations du néocolonialisme ou de la Françafrique appartiennent désormais au registre de la pensée qui radote. Marottes d'idéologues gauchisants ou de « faux Français », qui persistent à entretenir la mémoire du passé et leur désamour de la France. Les accusations de néocolonialisme n'auraient en fait plus lieu d'être. Qu'on se le dise : la nouvelle présidence, en faisant de sa jeunesse un atout, n'affirme rien d'autre qu'appartenir à une génération où, finalement, les « gauches » auraient gagné sur le

LES PRODUCTIONS CRITIQUES POST/DÉCOLONIALES, ATTACHÉES À L'ANALYSE GÉOPOLITIQUE DES DOMINATIONS, SONT PRISES À REVERS ; ELLES SONT DÉSORMAIS LITTÉRALEMENT INGÉRÉES PAR LE POUVOIR.

plan idéologique ; la critique de la colonisation serait désormais un simple argument relevant du bon sens. Les productions critiques post/décoloniales, attachées à l'analyse géopolitique des dominations, sont prises à revers ; elles sont désormais littéralement ingérées par le pouvoir.

Invisibiliser la question coloniale ?

Cette intégration superficielle du discours critique par le pouvoir rappelle les analyses d'Étienne Balibar dans *Race, Nation, Classe* – coécrit avec Immanuel Wallerstein en 1988. Que construit ce nouveau discours sur la colonisation française, sinon, « *malgré leur antagonisme* », « *un "monde" idéologique commun aux exploiteurs et aux exploités* »[1] ? On assiste à l'assimilation subjective, par le pouvoir, de langages qui empruntent le vernis de la critique postcoloniale et décoloniale. Ces emprunts façonnent une langue commune aux ex-colonisateurs et aux ex-colonisés.

Langue de la falsification que l'on pourra entourer à juste titre de soupçon : la dénonciation de la colonisation comme crime incontestable n'entre pas en contradiction avec la perpétuation effective, en ce début de XXIe siècle, de pratiques prédatrices, pour ne pas dire « néocoloniales », en Afrique. Il est toutefois aisé d'invisibiliser ces contradictions – telle est la tâche d'une politique de *soft power* comprise comme sublimation de la domination.

Les grands projets, qui visent l'un à « *déringardiser* » la Francophonie, l'autre à mettre en place une commission chargée de réfléchir à la restitution des œuvres d'art spoliées pendant la colonisation, participent, consciemment, à l'invisibilisation de cette contradiction. Et ils y participent d'autant plus activement que certains d'entre eux devraient être menés et seraient nécessaires pour une politique réellement inscrite dans une perspective post/décoloniale.

Ces différentes entreprises sont ainsi exclusivement symboliques. Elles témoignent du type de concessions qu'est prêt à faire l'État français dans le but de maintenir intacts les purs attributs de sa puissance, c'est-à-dire le militaire et l'économique, sur le continent africain. À toutes ces propositions symboliques, qui concernent l'art, la langue, la culture, on pourrait opposer strictement un ensemble de contre-pratiques matérielles, économiques et idéologiques qui en neutralisent la portée. C'est la fameuse pratique du « *en même temps* » qui domine la parole élyséenne. Décrite par journalistes, politiciens comme politistes, son objectif est d'entretenir savamment l'ambiguïté.

« En même temps » ?

Refonder la Francophonie… *En même temps*, il n'y a aucun secrétaire d'État ou ministre chargé de la Francophonie dans le gouvernement Édouard Philippe – chose inédite. *En même temps*, le ministère de la Culture impose la fermeture de l'un des hauts lieux de la création francophone, le Tarmac, à Paris. *En même temps*, l'économiste Kako Nubukpo est suspendu de son poste à l'Organisation internationale de la Francophonie (OIF) à la suite de sa tribune contre le franc CFA parue dans *Le Monde Afrique* – limogeage contredisant la vocation originelle de la Francophonie, rappelée par la présidente de l'OIF dans un article du *Figaro* de mars 2018 : être un « *lieu de maturation d'idées, de renouvellement de notre pensée commune* ».

Restituer aux États africains les œuvres d'art spoliées par la France pendant la colonisation française… Si elle est réalisée, cette proposition – il serait malhonnête de le contester – sera historique. *En même temps*, le projet de loi Asile et immigration place cyniquement au même niveau, hasard du calendrier parlementaire et des déclarations présidentielles, la restitution d'artefacts et les reconduites (c'est-à-dire les restitutions) d'êtres humains objectivés vers l'Afrique. *En même temps*, Français et Européens étendent leurs frontières en Afrique, comme au Niger, exerçant droit de passage et souveraineté sur des territoires qui ne sont pas les leurs. *En même temps*, se perpétuent des pratiques d'extraction de matières premières par des entreprises françaises dans différents pays d'Afrique, qui mettent les populations en danger chez elles – tel est le sens du combat d'Almoustapha Alhacen pour la reconnaissance des conséquences environnementales de l'exploitation des mines d'Arlit au Niger par Areva.

La liste pourrait s'allonger en une longue litanie, pointant le double langage d'un État qui, sous le doux commerce de la langue et de la culture, n'a pas renoncé aux attributs de la puissance sur le sol africain. Les ambivalences de la politique africaine de la France permettent de douter de son désir de banaliser la relation qui la lie au continent. La querelle des Anciens et des Modernes, quels que soient ses nouveaux atours, semble se rejouer, toujours au profit des Anciens. Toutefois, dans une relation où le primat de la force a toujours été de mise, de nouveaux langages sont requis pour maintenir, voire consolider, ce qui ne peut être cédé ni perdu.

LES AMBIVALENCES DE LA POLITIQUE AFRICAINE DE LA FRANCE PERMETTENT DE DOUTER DE SON DÉSIR DE BANALISER LA RELATION QUI LA LIE AU CONTINENT.

Quelles stratégies pour les intellectuels africains et afro-diasporiques ?

Cet intérêt envers l'Afrique ainsi que les projets et discours contradictoires qu'il implique confrontent les intellectuels critiques, africains, afro-diasporiques, à un problème sérieux de stratégie et de cohérence politique. Quelle scène faut-il habiter ? Celle de la contestation radicale au mépris, parfois, de l'efficacité politique ? Celle de la pratique institutionnelle, au risque de compromissions, de récupérations ? De nombreux intellectuels africains ou afro-descendants, participant à la création de nouveaux espaces critiques, ont ainsi été sollicités par le pouvoir en place afin de soutenir les orientations de cette politique de *soft power*, de cette diplomatie de l'attractivité.

On connaît les pratiques de cooptation et de division, opérées par le pouvoir. Défaire les solidarités. Jouer sur les narcissismes, les besoins de reconnaissance. Se jouer de la sincérité désarmante d'engagements intellectuels dont on ne peut douter. On sait également comment, depuis les indépendances africaines, la figure de l'intellectuel « *ventriloque* », dont les « *jongleries intellectuelles [se justifient] par le ventre, [...] la peur de ne plus manger, de manger peu ou mal* », pour reprendre les mots de Fabien Eboussi Boulaga, a pu être décriée. Le risque est de transformer de supposées radicalités politiques en simples coquilles vides, accroissant la méfiance des citoyens envers des personnages sans consistance, supplétifs des pouvoirs postcoloniaux en France et en Afrique.

Au-delà de la question générale du lien entre l'intellectuel et le pouvoir, les reconfigurations idéologiques en cours imposent de se défier d'un débat que l'on polarise, traditionnellement, autour des schèmes de la pureté et de l'impureté. Elles invitent également à s'éloigner d'une analyse mécanique du pouvoir fondée sur l'oscillation ininterrompue entre domination et résistances à la domination ; le pouvoir n'est pas absolu, il lui arrive d'être marginalisé et de ne pas toujours avoir l'initiative.

La question politique ne se réduit pas à celle de ses lieux (rue, Parlement, syndicat, etc.) ; elle est orientée par la nécessité des transformations économiques, sociales, culturelles, institutionnelles à opérer en vue de la satisfaction des besoins sociaux. Et il va de soi que ces transformations ne peuvent s'accompagner de moyens qui ruinent d'emblée les objectifs qu'elles se donnent. Ces pratiques politiques, plurielles et assumées, ne défendent pas une nouvelle théorie des accommodements ou des étapes. Elles exigent parfois de s'opposer aux institutions, parfois de frayer avec elles.

Dans la conjoncture actuelle, il faut peut-être à nouveau écouter la voix d'Aimé Césaire, disparu le 17 avril 2008, il y a dix ans. « *L'homme de culture* » a bel et bien une responsabilité, nous dit-il : celle de « *constituer ces grands silos de force où les peuples [...] puisent le courage de s'assumer eux-mêmes et de forcer l'avenir* ». Si ces paroles furent prononcées en une autre époque, elles valent certainement encore pour la nôtre. Elles indiquent non pas un chemin tout tracé, mais des voies possibles pour dessiner des politiques du futur. Faire « *foirer le vieux monde* », dit Caliban dans la pièce de Césaire *Une Tempête* – et partir à la « *conquête d'une nouvelle et plus large fraternité* » réaffirme l'écrivain en conclusion de son discours sur la négritude de 1987.

La stratégie à suivre invite à soutenir toutes les initiatives qui transforment significativement les conditions d'existence matérielles et spirituelles des Africains et des Afro-descendants, où qu'ils se trouvent. Géopolitique des solidarités,

FAIRE « *FOIRER LE VIEUX MONDE* » – ET PARTIR À LA « *CONQUÊTE D'UNE NOUVELLE ET PLUS LARGE FRATERNITÉ* ».

transculturelle, transcontinentale, à laquelle il fut donné un temps le nom de « panafricanisme » et parfois celui de « négritude ».

C'est cette géopolitique des solidarités que, dans leurs choix, les intellectuels peuvent porter : le destin de l'Afrique, où qu'il se joue dans le monde, doit être l'objet de leurs inquiétudes et doit orienter leurs actions concrètes. Démonter les discours qui détruisent et diminuent, et ruser, toujours, avec la force d'un pouvoir qui, quoiqu'il prétende, ne cesse d'entraver. Reprendre l'initiative de nos destinées historiques et, contre toutes les pertes et les mélancolies possibles, réapprendre à gagner en politique.

1. É. Balibar et I. Wallerstein, *Race, Nation, Classe*, La Découverte, Paris, 1997 (1988), p. 12.

NB : Ce texte est une version remaniée et enrichie d'un article initialement publié par *Le Point Afrique*.

DATA CENTERS, DERRIÈRE LA FAÇADE

Le coût réel des données virtuelles

TEXTES ET PHOTOGRAPHIES
DE CÉCILE DIGUET ET FANNY LOPEZ

Avec la multiplication des échanges de données sur Internet, le besoin d'espaces de stockage numérique s'accroît de façon exponentielle. Les data centers fleurissent donc à travers le monde, notamment aux États-Unis, transformant les paysages et reconfigurant du même coup les capacités énergétiques et la demande d'emplois dans ces territoires, qu'ils soient urbains ou ruraux. L'édification de ces nouvelles infrastructures se fait pourtant, autant que possible, sous le sceau du secret : Google, Facebook, Amazon et consorts jouent la discrétion, interdisant les visites des sites et bannissant l'affichage des logos sur leurs façades. Ces entreprises, en effet, cherchent à échapper aux critiques sur la démesure énergétique et l'impact écologique qu'entraîne leur activité de stockage. Enquête sur la matérialité de l'économie immatérielle.

Infrastructures stratégiques de nos vies numériques, les centres d'hébergement de données se multiplient rapidement mais discrètement. Leurs concepteurs tentent de minimiser l'impact spatial et énergétique sur les territoires, tout au moins en apparence. Les États-Unis sont les premiers hôtes mondiaux de données numériques. Loin de se limiter aux immenses bâtiments des GAFAM (Google, Amazon, Facebook, Apple, Microsoft) implantés dans des *no man's land*, les centres de données en colocation (dont les espaces sont loués par différentes entreprises) sont fortement présents en zones urbaines denses ou à proximité. Le développement de ces infrastructures aux États-Unis remonte au milieu des années 1990, pendant la phase de déploiement commercial du Web[1]. Plusieurs concentrations géographiques se dessinent alors, d'abord en lien avec la proximité de points d'échange internet[2], puis avec la grande disponibilité d'énergie bon marché et de foncier abordable : sur la côte est, près de Washington D.C. et à New York, et sur la côte ouest, dans la Silicon Valley et le Nord-Ouest Pacifique (États d'Oregon et de Washington).

Google, The Dalles, 2017

Camouflage dans le désert

« *Quand Facebook a commencé à chercher à implanter son usine, leur prospecteur nous a présenté le projet sous le nom de Vatas. Nous n'avions aucune idée de ce qu'était Vatas, à part qu'ils voulaient quatre-vingts à cent vingt hectares et qu'ils allaient utiliser beaucoup d'électricité et beaucoup d'eau.* » Betty Rope, maire de Prineville, petite ville tranquille de dix mille habitants au cœur du High Desert dans l'Oregon, ajoute qu'il s'est passé exactement la même chose deux ans plus tard avec l'installation du centre de données d'Apple sur les hauteurs de la ville, loin des regards : d'abord le mystère et le nom de code, puis l'obligation de confidentialité jusqu'à l'inauguration.

Plus soignés que le premier centre de données de Google implanté en bord de la rivière Columbia à The Dalles, les bâtiments d'Apple et de Facebook sont le reflet de leur obsession de la sécurité et de l'opacité : voies condamnées par des entraves en béton, doubles rangées de clôtures, doublées de sauts-de-loup, vidéo surveillance, patrouilles véhiculées de vigiles en permanence… Si le logo de Facebook est encore visible, son drapeau ne flotte plus, et nulle part on ne trouve la pomme blanche. Les lignes des bâtiments se confondent presque avec l'horizon, les genévriers qui envahissent la région (et l'assèchent en consommant beaucoup d'eau) fournissant une protection végétale supplémentaire. Phil Steinbeck, directeur général

Centre de données de Facebook à Prineville, Oregon, 2017

Centre de données de Facebook à Prineville, Oregon, 2017

Centre de données d'Apple à Prineville, Oregon, 2017

des services de la ville, s'est rendu récemment compte que « *Facebook n'est plus aussi ouvert et amical* » qu'auparavant. Les visites ne sont plus possibles. Changement d'ère au moment où l'entreprise est de plus en plus attaquée ?

Ces deux méga centres de données continuent en tout cas de se développer : un nouvel espace de stockage est en cours d'achèvement sur le site d'Apple et Facebook a annoncé en décembre 2017 la construction de deux bâtiments, portant ainsi leur nombre à cinq, et donc leur future surface totale à deux cent mille mètres carrés (soit la surface du terminal 4 de l'aéroport de Madrid-Barajas ou de Grand Central Station à New York). Les trois façades de Facebook sont aussi longues que celle du château de Versailles côté jardin. Paradoxalement, leur monumentalité n'est pas affichage de pouvoir ou démonstration de force tant l'accès y est réglementé. C'est surtout le miroir de la démesure des pratiques numériques contemporaines.

Pour autant, la maire de Prineville estime que Facebook « *est un très bon voisin* », qui a contribué, avec Apple, à redynamiser une économie complètement détruite par la crise de 2008 (21 % de chômage), d'abord avec les chantiers de construction qui continuent, ensuite avec les emplois directs et indirects dont le nombre s'élevait, selon elle, à cinq cents fin 2017. Facebook fournit en effet beaucoup de services à ses employés. D'après Phil Steinbeck, « *le meilleur restaurant de la ville se trouve d'ailleurs là-bas* ». En outre, personne n'aurait imaginé dix ans plus tôt que la puissance électrique nécessaire dans la ville passerait de dix à cinq cents mégawatts. Facebook et Apple coinvestissent en conséquence dans cinq fermes solaires produisant chacune quinze mégawatts, non loin de leurs sites. Et chacun paye des frais de projets annuels pour s'installer puis se développer, et contribue à investir dans les infrastructures locales (postes sources, usines de production d'eau, d'assainissement). Enfin, Facebook, plus « *communautaire* » qu'Apple, « *réservé et discret* », selon la maire, participe volontiers aux financements des concerts gratuits de l'été dans le parc,

PARADOXALEMENT, LEUR MONUMENTALITÉ N'EST PAS AFFICHAGE DE POUVOIR OU DÉMONSTRATION DE FORCE TANT L'ACCÈS Y EST RÉGLEMENTÉ. C'EST SURTOUT LE MIROIR DE LA DÉMESURE DES PRATIQUES NUMÉRIQUES CONTEMPORAINES.

Ferme solaire à Prineville Oregon, 2017

à de nouveaux outils informatiques à l'école ou à des bourses scolaires, pour un total, depuis son arrivée, de plus d'un million de dollars. Ici, les géants du numérique représentent donc avant tout une opportunité, un vecteur d'emploi et de développement économique. Les compagnies électriques les courtisent. Ce sont en effet des clients parfaits : pas de pic à gérer, une importante consommation stable jour et nuit, toute l'année, et en croissance puisque, selon Anish Gautam, ingénieur à la commission Énergie de la Californie, « *leur consommation double tous les dix-huit mois* ». Alors que les programmes d'efficacité énergétique commencent à porter leurs fruits, que les consommations des ménages baissent et qu'il est trop coûteux de financer de nouvelles infrastructures de production et de transmission électrique, le numérique est une aubaine qui se compte en mégawatts (et donc en dollars) pour les vieilles « *utilities* » américaines.

En effet, à l'explosion des données correspond une hausse de la consommation énergétique et cela malgré les gains en efficacité énergétique des logiciels et des bâtiments. Le secteur informatique (réseaux, matériels, centres de données) consommait 7 % de l'électricité mondiale en 2013[3], soit la puissance de deux cent dix réacteurs nucléaires pendant un an[4]. Les centres de données représentaient alors 2 % de l'ensemble mondial, soit soixante tranches nucléaires. Les prévisions atteignent désormais un maximum de 13 % de l'électricité mondiale consommée par les centres de données en 2030, et de 51 % pour le secteur informatique dans sa totalité, soit respectivement mille cent trente et quatre mille quatre cents réacteurs nucléaires. Comme le souligne Matthew Chancellor, manager régional de Pacific Corp, compagnie historique du nord de la Californie et du sud de l'Oregon qui fournit l'énergie notamment aux centres de données de Facebook à Prineville, « *les compagnies électriques adorent les centres de données !* ».

À l'assaut du rural

Encore plus discret, voire vraiment opaque, Amazon Web Services (AWS) construit des centres de données à un rythme effréné dans le monde entier. Un ancien chef de projet, passé depuis chez ZAYO, opérateur américain de télécoms et de centres de données, confie s'être usé aux quatre coins du monde à construire des bâtiments exactement similaires pour le géant de l'e-commerce, désormais aussi leader du Cloud. De Port of Morrow à Umatilla, profitant toujours de la manne hydroélectrique de la rivière Columbia, la firme déploie des entrepôts de stockage aux allures d'usines dans des parcs industriels lugubres ou des *no man's land* ruraux. Aucun soin n'est apporté au bâtiment qui pourrait se confondre avec un entrepôt de stockage alimentaire ou une plateforme logistique, chapeauté de climatiseurs imposants et flanqué de gros générateurs de secours au fuel. N'était l'absence de poids lourds à proximité et de quais de déchargement, on s'y méprendrait. Mais ici, les marchandises passent discrètement par le réseau de fibre optique. Les installations encore en construction sont très jalousement surveillées par une compagnie de sécurité locale et nulle part ne peut-on trouver trace

Barrage Columbia River, 2017

du nom d'Amazon. Umatilla, petite ville atone de presque sept mille habitants, née en même temps que la ruée vers l'or en 1863, accueille depuis 1962 les stocks d'armes chimiques de l'armée américaine. Elle a sa propre compagnie électrique municipale et n'a pas pu refuser à Amazon de s'y installer. Julie Peacok, de la commission Services publics de l'Oregon, précise ainsi que les petites communes « *veulent que les centres de données viennent, mais [que] cela risque de mettre en danger leur propre système électrique* ». En effet, la demande de puissance est telle que la compagnie s'est engagée à construire de nouvelles unités de production en vue desquelles elle va s'endetter et faire reposer l'effort sur tous les consommateurs de son territoire, pourtant peu fortunés, sans avoir d'assurance qu'AWS sera encore là dans cinq ans. L'entreprise exerce ainsi une pression qui est en mesure de déstabiliser l'équilibre économique et énergétique du territoire. Crystal Ball, coordinatrice pour l'Oregon de la Bonneville Power Administration (BPA), souligne en outre que tandis que BPA essaie de trouver d'autres solutions que les investissements lourds sur son réseau haute tension afin d'améliorer son fonctionnement, les Big Tech jouent de leur influence dans le but d'ajouter des capacités de transmission et d'assurer ainsi la croissance de leur activité au détriment de l'intérêt public. Pourtant, malgré le faible nombre d'emplois créés et les ristournes fiscales négociées aussi bien au niveau de l'État que de la ville, les communautés rurales persistent à vouloir accueillir de nouveaux centres de données, espérant améliorer ainsi des situations économiques souvent dramatiques.

Centre de données d'Amazon, à Umatilla Oregon, 2017

POURTANT, MALGRÉ LE FAIBLE NOMBRE D'EMPLOIS CRÉÉS ET LES RISTOURNES FISCALES NÉGOCIÉES AUSSI BIEN AU NIVEAU DE L'ÉTAT QUE DE LA VILLE, LES COMMUNAUTÉS RURALES PERSISTENT À VOULOIR ACCUEILLIR DE NOUVEAUX CENTRES DE DONNÉES, ESPÉRANT AMÉLIORER AINSI DES SITUATIONS ÉCONOMIQUES SOUVENT DRAMATIQUES.

Letha Tawny, directrice Innovation et Services publics, et de la Chaire Polsky pour les énergies renouvelables, au World Resources Institute, souligne que l'industrie numérique américaine est la première à s'être organisée collectivement en vue de tirer son épingle du jeu de la transition énergétique *via* des organisations comme la Renewable Energy Buyers Alliance. Si Amazon fait partie des mauvais joueurs montrés du doigt par Greenpeace dans son rapport ClickClean de 2017, Facebook est en première ligne dans plusieurs États pour négocier des tarifs avantageux d'énergies renouvelables (EnR), servant finalement toute l'industrie du stockage numérique. Paradoxalement, en plus des gains acquis sur l'efficacité énergétique des centres de données, l'utilisation croissante des énergies renouvelables peut ainsi venir minimiser l'importance du dérapage mondial en termes de production de données numériques. C'est donc davantage la fragilisation des infrastructures locales de transport et de distribution électriques au détriment des populations, voire des autres industries, qui peut venir miner l'expansion sans fin des industries du numérique.

Extractivisme numérique : des mines d'or au *data mining*

Le numérique est une technologie dévoreuse d'espace et d'énergie. L'un des effets de l'accélération de cette surproduction de données est la multiplication de centre de données dans les territoires reculés, arrière-cours de l'économie mondialisée, comme en Oregon mais aussi en Virginie du Nord, en Oklahoma ou en Ohio. Capitalisant sur l'accumulation de données individuelles et de doublons numériques de la ville et des bâtiments (*digital twins*), les GAFAM multiplient les espaces nécessaires à leur stockage, sans remise en cause de cette dynamique cumulative. Les données de moindre valeur, ces vieux mails ou photos que l'on a oubliés et que l'on ne prend même plus le temps de trier ou d'effacer, constituent une matière première exploitable pour ces *pure players* numériques. Ce sont d'une certaine manière ces déchets numériques, éléments constitutifs de notre histoire, qui déterminent à leurs yeux notre profil de consommation. Rappelons que le premier revenu du groupe Alphabet/Google est la publicité : vingt-sept milliards deux cent mille dollars au quatrième trimestre 2017 sur un total de trente-deux milliards trois cent mille pour l'ensemble des revenus du groupe.

Un nouveau principe de capitalisation et d'extractivisme s'est en effet structuré à partir de « la donnée » (publique et/ou privée), qui apparaît comme une matière première inédite. L'énergie auparavant dédiée aux fonderies d'aluminium et aux scieries de l'Oregon nourrit désormais l'extraction de cette nouvelle matière première et le minage de crypto-monnaies. L'immense data center de Google à The Dalles s'est d'ailleurs installé à la place d'une fonderie et, plus en amont de la rivière Columbia, à Wenatchee (Washington), des conteneurs climatisés et remplis de processeurs tournent en continu pour créer des *bitcoins*[5].

L'économiste Yann Moulier Boutang, qui développe la notion de capitalisme cognitif, affirme dans une efficace formule que « *nous sommes tous des ouvriers de Google* ». Il ajoute que « *sa principale source de valeur est le travail immatériel, la capture des externalités positives, la condition de l'innovation et l'intelligence collective, la nouvelle ressource. La force musculaire propre au capitalisme industriel aurait ainsi fait place à une nouvelle force, invention collective fondée sur le partage de savoir*[6] ».

« NOUS SOMMES TOUS DES OUVRIERS DE GOOGLE. »

Si l'emprise territoriale du système technique numérique est équivalente à l'apparition des grandes infrastructures du XXe siècle, elle est plus complexe à saisir car moins visible dans sa matérialité technique et architecturale. Le réseau l'emporte. Il n'y a pas d'architecture de l'infrastructure numérique comme il y a eu une architecture de l'électricité ou encore du ferroviaire, la centrale ou la gare étant des programmes emblématiques du XIXe siècle. Si les data centers sont les entités les plus visibles du système technique numérique sur le territoire, leur impact est – pour l'instant – plus spatial et énergétique qu'architectural et ce même lorsque l'on se rapproche des zones urbaines.

Zones d'activités numériques et logistiques de la donnée

La dispersion dans l'immensité des grands territoires américains est une stratégie fructueuse des Big Tech capables d'installer leur propre fibre afin de se connecter aux points d'échange internet. L'éloignement n'est pas une entrave pour elles. Pourtant, rares sont les entreprises, et encore plus les opérateurs de stockage de données, à pouvoir se payer le luxe d'une telle discrétion, assortie d'espaces quasi infinis.

Le pendant urbain en est la « zone d'activité numérique », dont cette fois on pourrait confondre les centres de données avec des bâtiments de bureaux ou d'activités productives : ils sont un peu mieux carrossés, comportant des fenêtres, des halls d'entrée marqués, voire un effort d'intégration urbaine et paysagère ; ici non plus on ne devine pas l'importance stratégique du contenu des bâtiments et encore moins de leur consommation énergétique dévorante. Hillsboro, ville voisine de Portland très dépendante de l'industrie informatique, concentre 41 % de tous les emplois du numérique de l'Oregon. Elle voit également son salut dans le développement des data centers :

Centre de données d'Amazon, à Umatilla Oregon, 2017

une quinzaine sont concentrés au nord de son territoire et ils continuent de se développer sur des surfaces de plus en plus grandes, QTS ou Digital Realty par exemple. Le français OVH vient d'ailleurs de s'y installer, mais on y trouve aussi LinkedIn hébergé chez Infomart, l'entreprise de logiciels Adobe, les centres de données de Tata, Flexential, Edge Connex… Les premiers groupes à s'être installés ont investi d'anciennes usines électroniques, les plus récents arrivants ont fait construire des bâtiments flambants neufs, mais tous misent sur la discrétion : aucune façade ne porte le moindre logo. Malgré la contestation croissante de l'État et de Portland Metro (la seule organisation métropolitaine de tous les États-Unis) du fait de la faible création d'emploi et du mitage spatial, les entreprises grignotent lentement des acres de terres maraîchères afin d'héberger ces infrastructures, repoussant chaque fois la limite urbaine fixée par la métropole. Alors que de nombreuses friches industrielles et portuaires pourraient accueillir ces usages numériques à Portland, la connectivité d'Hillsboro, d'une part, et les exemptions fiscales, d'autre part, consolident cette situation. « *75 % de la bande passante des nouveaux câbles transpacifiques en construction vont arriver à Hillsboro en 2018* », souligne Mark Clemons, directeur du développement économique de la ville. Cela renforcera une position très stratégique sur les nœuds du réseau internet. Par ailleurs, l'effet cluster avec Intel, acteur historique du territoire qui y produit ses processeurs et plus gros employeur de tout l'Oregon (dix-neuf mille emplois), permet de bénéficier d'exemptions fiscales très intéressantes. Ted Reid, urbaniste à la Metro, souligne cependant que « *les incitations fiscales* via *les zones économiques spéciales obligent désormais les data centers à créer plus d'emplois* ». En écho, Paul Vaccaro, le vice-président opérationnel d'Infomart, possédant un grand centre de données, sous-entend que cette mesure signifie que l'« *on ne veut plus d'eux à Hillsboro* ». La presse locale a en effet relayé un certain nombre d'interrogations face à l'octroi d'une fiscalité extrêmement avantageuse à leur endroit alors qu'ils ne créent que très peu d'emplois, souvent une dizaine pour une installation de vingt mégawatts, sans compter les emplois de construction. Infomart a par exemple bénéficié d'une exemption de taxe foncière sur vingt ans à son arrivée. Ici, l'invisibilité des data centers semble se craqueler non pas parce qu'ils consomment trop d'énergie ou d'espace, mais parce que les retombées économiques sur le territoire ne sont pas à la hauteur des efforts fiscaux consentis afin de les y attirer.

La Silicon Valley et son back office

La Californie n'est pas la destination idéale d'installations aussi stratégiques que des centres de données au regard des risques de tremblements de terre, du prix élevé de l'énergie (ailleurs qu'à Santa Clara), du foncier rare et cher ; mais il faut y être. C'est là que siègent les plus grands acteurs du numérique mondial (Alphabet-Google, Facebook, Oracle, Apple, Salesforce) et de nombreuses start-up développant de nouveaux produits, logiciels, services, et donc collectant, créant, traitant, stockant des données. C'est aussi une zone métropolitaine dense (pour les États-Unis), aux revenus élevés et aux pratiques numériques développées, bref, un bassin de consommation et de prescripteurs stratégiques. La Silicon Valley a donc un besoin dévorant de data centers et certains territoires sont ainsi devenus son back office infrastructurel.

Santa Clara, au sud de la Silicon Valley, en accueille une cinquantaine, dont beaucoup sont cantonnés entre l'autoroute et le chemin de fer. Ce territoire anciennement maraîcher était appelé la Valley of Heart's Delight pour ses vergers en fleurs. Il s'industrialise tout au long du XXe siècle, avec la concentration de conserveries liées aux productions agricoles puis, surtout, avec le développement de la recherche militaire et informatique après-guerre. Santa Clara devient alors une ville productive autour de l'électronique et des semi-conducteurs. Le siège d'Intel en est un héritage, la fabrication des processeurs ayant été déplacée à Hillsboro. Le territoire offre toujours une puissance électrique déterminante, des réseaux surdimensionnés, notamment d'assainissement,

Centre de données de Digital Realty à Santa Clara, Californie, 2017

Centre de données de Digital Realty à Santa Clara, Californie, 2017

UNE ARCHITECTURE STANDARD ANONYMISE LES ENTREPRISES ET MINIMISE AINSI LA PERCEPTION DE LA PRÉSENCE SPATIALE ET ÉCONOMIQUE DOMINANTE DES BIG TECH.

de grandes parcelles désormais à prix d'or, mais surtout l'électricité la moins chère de toute la Californie. Cet avantage, indéniable du point de vue de l'industrie des centres de données, les a poussés à s'y agglutiner dès les années 1990, transformant les anciennes usines électroniques puis construisant leurs propres bâtiments, toujours aussi discrètement, mais sûrement. Wendy Stone, responsable grands comptes de la compagnie électrique municipale, Silicon Valley Power (SVP), adore elle aussi les data centers. Elle confie les courtiser: « *Ils consomment 70% de l'énergie fournie par SVP, représentent 80% de ses revenus et n'accroissent pas la congestion du territoire puisqu'ils créent très peu d'emplois.* » La ville de Santa Clara bénéficie ainsi d'un avantage stratégique: celui d'avoir créé sa propre compagnie en 1896, dont les unités de production, notamment hydrauliques, sont amorties depuis longtemps. Elle fournit également un réseau de fibre noire aux entreprises, complétant une offre parfaitement adaptée au monde numérique. C'est donc paradoxalement grâce à une entreprise publique municipale que les industries numériques de la Silicon Valley peuvent fonctionner.

La vallée voit par ailleurs se développer une offre immobilière tertiaire muette reflétant la culture du secret et de la compétition locale. Yen Chen, directeur de l'urbanisme de Santa Clara, remarque en effet qu'« *avant, tout le monde voulait mettre en avant sa marque et son nom, avec un logo énorme et les couleurs de sa ligne graphique. Mais les couleurs et les logos ont disparu et pourtant les mêmes entreprises restent* ». Apple, Intel, HP, Microsoft ont toutes des labos, des centres de recherche et développement (R&D) et quelques centres de données dans la ville, mais difficiles à identifier en se promenant. Une architecture standard anonymise les entreprises et minimise ainsi la perception de la présence spatiale et économique dominante des Big Tech.

Polarisation et dispersion: les territoires à l'épreuve de la dynamique numérique

Chaque État américain régule le marché de l'énergie à sa façon sous la coupe de la FERC, la commission fédérale de régulation de l'énergie. Leurs territoires sont desservis par des opérateurs historiques auxquels les entreprises et les ménages sont parfois encore obligés de se raccorder, selon que des dérégulations totales ou partielles ont eu lieu. Le prix et la qualité de l'énergie (fossile, renouvelable) sont donc un facteur de compétition clé entre États, que les acteurs du numérique n'hésitent pas à instrumentaliser.

Le développement des data centers a ainsi consolidé peu à peu des territoires numériques spécifiques, d'une part *via* leur concentration sur les principaux nœuds d'échange internet, renforçant la polarisation métropolitaine et, d'autre part, *via* la dispersion des entrepôts de stockage de données dans des « territoires servants » historiques, au service des métropoles, où le foncier et l'énergie sont bon marché. En Europe, les quatre points d'échange internet majeurs sont ainsi Francfort, Londres, Amsterdam et Paris (le « FLAP »), et c'est là que sont principalement regroupés les data centers. Les quatre métropoles concentrent par ailleurs le plus gros du PIB informatique de chacun de ces pays et les centres financiers stratégiques. En complément, les GAFAM continuent de se développer à très grande vitesse dans la banlieue de Dublin grâce à de fortes incitations fiscales, mais ils fragilisent désormais le système électrique du pays entier.

Aux États-Unis, la plus grande concentration est sans aucun doute au nord de la Virginie, du fait de la proximité de la capitale, Washington D.C., et de la présence historique d'un des premiers points d'échange internet, MAE-Est. Plus proche du territoire servant que de l'effervescence métropolitaine, le comté de Loudoun atteint presque le million de mètres carrés de surface de stockage numérique. Suivent la Silicon Valley, puis des métropoles numériques de second rang : Los Angeles, Chicago, Dallas-Fort Worth, Atlanta… En complément, les GAFAM localisent leurs centres de données dans les États plus ruraux de l'Oregon, de l'Oklahoma, de l'Ohio ou encore de l'Utah. Si la ville de New York concentre moins de surfaces de data centers qu'auparavant, notamment depuis la tempête Sandy en 2012, elle reste un centre financier global majeur et l'un des plus importants points d'échange internet du monde. Elle constitue ainsi une porte stratégique sur le réseau, complétée par les centres de données du New Jersey, à proximité.

New York, les portes d'entrée du réseau au cœur des buildings

À New York, plaque tournante mondiale des échanges de données, les data centers s'insèrent dans la vie urbaine selon une autre modalité qu'en Californie ou que dans les campagnes de l'Oregon : la transformation des anciens centraux télécoms mais aussi de bâtiments industriels du début du XXe siècle qu'ils ont adaptés à leurs contraintes. Ils ont tous en commun la proximité du Holland Tunnel où arrive une grande majorité des câbles internet, notamment transatlantiques.

La ville de New York accueille à partir de la fin du XIXe siècle les sièges des grandes compagnies de télégraphes et de télécoms. En 1914, AT&T et Western Union (télégraphe) s'installent ensemble au 32 Avenue of Americas dans un bâtiment construit à la gloire des communications mondiales, notamment illustrées par la mosaïque du plafond du hall d'entrée où une allégorie connecte chaque coin de la carte : l'Océanie, l'Afrique, l'Asie et l'Europe. Dès 1928, Western Union déménage à quelques centaines de mètres, au 60 Hudson Street, et fait construire son siège par le même architecte qu'AT&T, dans le style art déco. Les deux immeubles sont connectés par un conduit souterrain où passe aujourd'hui un trafic internet phénoménal. En effet, à la fin des années 1990, les deux bâtiments ont pris le tournant du numérique et, au départ de leurs anciens occupants, ont effectué une mue impressionnante, se débarrassant des équipements téléphoniques afin d'installer des points d'échange internet,

32 Avenue of Americas, New York City, 2017

60 Hudson Street →
New York City, 2017

NYC Restaurant Week
JAN 22 - FEB 9
nycgo
ONE WAY
ONE WAY
HUDSON ST
HARRISON ST
PARK
PARK

Siège de Google, 111 Eigth Avenue, New York City, 2017

des espaces de stockage de données et des infrastructures de télécommunications dernier cri. Leurs toits sont couverts d'excroissances vertigineuses, comprenant des générateurs de secours au diesel, des tours de refroidissement d'eau pour l'air conditionné, des antennes satellites de toutes tailles et formes, des réservoirs d'eau en cas de coupure, des grues qui font monter les générateurs diesel depuis la rue… Leurs sous-sols sont bardés de câbles, équipés de réservoirs de fuel de plusieurs centaines de milliers de litres capable d'approvisionner les générateurs en cas d'arrêt du réseau électrique de ConEdison, la compagnie électrique desservant majoritairement la ville. Et entre les deux, les serveurs se déploient et chauffent, les réseaux se connectent, les données s'échangent, les calculs sont réalisés.

Un autre bâtiment emblématique d'Internet est le 111 Eight Avenue à Chelsea. Quatrième plus grand bâtiment en surface de New York, c'est en réalité un immeuble-bloc de près de deux cent soixante-quinze mille mètres carrés fréquenté chaque jour par sept mille à huit mille personnes et dont les réserves de fuel de six cent mille litres peuvent assurer la résilience en cas de coupure électrique. Cet ancien siège de l'autorité portuaire construit en 1932 a été racheté en 2010 par Google pour un milliard neuf cent mille dollars, avec ses locataires, dont de nombreux opérateurs télécoms et de centres de données. Ayant échoué à tous les évincer, l'entreprise partage encore les locaux avec une partie d'entre eux, ce qui fait dire à Stanislas Voronov, manager du site d'Equinix, que leurs perspectives d'avenir sont pour le moins compromises.

Siège de Google, 111 Eigth Avenue, New York City, 2017

Il raconte aussi comment, en 2010, face à la pression de Google, de nombreux locataires ont pensé que l'entreprise voulait devenir un opérateur télécoms tant *one-eleven* est un bâtiment ultra-connecté. Leur résistance a finalement poussé Google à louer des bureaux supplémentaires juste en face, au 85 Tenth Avenue, où d'autres data centers comme Telehouse (mais aussi le FBI) sont présents. Dans ces deux bâtiments, les espaces Google – ascenseurs privatifs, contrôles serrés, décor arty et volontairement cool – sont inaccessibles aux autres occupants.

DANS CES DEUX BÂTIMENTS, LES ESPACES GOOGLE – ASCENSEURS PRIVATIFS, CONTRÔLES SERRÉS, DÉCOR ARTY ET VOLONTAIREMENT COOL – SONT INACCESSIBLES AUX AUTRES OCCUPANTS.

Google

← Hall d'entrée du 85 Tenth Avenue, autre implantation de Google, New York City, 2017

Dans ces bâtiments Art déco ou dans le patrimoine industriel new-yorkais, les data centers ne peuvent pas non plus signifier fortement leur présence. La ville-monde enfouit encore davantage les réseaux, leur perception. Elle empêche ainsi la compréhension du nouveau métabolisme urbain qui repose désormais largement sur le numérique, ce « réseau des réseaux », selon les mots de Jacques Ellul, ou système des systèmes.

Expansionnisme numérique, limites de la croissance et alternatives citoyennes

Comme celle des gaz à effet de serre, la trajectoire de croissance des données numériques ne faiblit pas. D'ici 2020, le trafic internet va tripler par rapport à 2016[7], constitué en grande partie de vidéos en streaming en définition toujours plus haute, mais aussi de flux liés aux transactions bancaires et financières. L'Internet des objets atteindra vingt-cinq milliards d'équipements connectés (capteurs, objets connectés, domotique), sans compter les tablettes et les PC. Et selon Intel, le véhicule autonome lui-même produira quatre téraoctets de données par jour à traiter et stocker.

Quelles conséquences attendre de cette invasion croissante et continue des données aux niveaux territorial et spatial ? Est-ce que la démesure énergétique qui l'accompagne viendra contrer l'invisibilité des infrastructures du numérique et en révéler les failles ? La fascination persistante et aveuglante pour le numérique et son caractère magique, la Smart City et ses promesses d'efficacité, semblent en détourner beaucoup d'un regard critique sur les dimensions écologiques du numérique, et plus largement sur les limites de sa croissance.

LA FASCINATION PERSISTANTE ET AVEUGLANTE POUR LE NUMÉRIQUE ET SON CARACTÈRE MAGIQUE, LA SMART CITY ET SES PROMESSES D'EFFICACITÉ, SEMBLENT EN DÉTOURNER BEAUCOUP D'UN REGARD CRITIQUE SUR LES DIMENSIONS ÉCOLOGIQUES DU NUMÉRIQUE.

Un premier pas serait de poser comme préalable la nécessité d'une culture commune et partagée sur ce sujet entre écologistes, hackers, libristes, partisans des libertés et des communs, tenants d'une ville collaborative et ouverte. Repenser les infrastructures d'Internet en imaginant la convergence des réappropriations énergétiques et numériques serait un second pas, à l'image de la communauté du quartier de Red Hook, au sud de Brooklyn, qui, poussée par un besoin de résilience accrue après Sandy, voudrait ajouter à son wifi citoyen un microréseau électrique local. La communauté autonome catalane de Calafou travaille également sur les questions de souveraineté numérique et technologique en incluant des réflexions sur des serveurs autonomes à l'empreinte écologique réduite. À Lyon, au sein du collectif Chatons (Collectif des hébergeurs alternatifs, transparents,

Couloirs →
du 111 Eigth Avenue,
New York City, 2017

ouverts, neutres et solidaires), le projet Pâquerette, développé par la coopérative Coopaname, propose une informatique collaborative et responsable dont le Cloud open source est basé en Suisse chez Infomaniak, hébergeur alimenté à 100 % en énergie renouvelable. Enfin, de nombreuses initiatives proposent également des services de Cloud auto-hébergé, comme YunoHost, ou en peer-to-peer comme le logiciel open source SlapOs, ou encore OwnCloud et CozyCloud. Toutes ces propositions alternatives ne peuvent cependant pas occulter la nécessité de repenser en profondeur les limites de la croissance de la vie numérique.

1. Le Web est une des applications d'Internet.
2. Internet est un réseau de réseaux.
Les points d'échange internet sont des lieux où les réseaux peuvent se connecter entre eux.
3. A. S. G. Andrae et T. Edler, « On global electricity usage of communication technology : trends to 2030 », *Challenges*, vol. 6, n° 1, 2015, p. 117-157.
4. En comptant qu'un réacteur nucléaire produit sept térawattheures par an (une centrale en France dispose d'entre deux et quatre réacteurs ou tranches).
5. P. Roberts, <www.politico.com/magazine/story/2018/03/09/bitcoin-mining-energy-prices-smalltown-feature-217230>.
6. Y. Moulier Boutang, *L'Abeille et l'Économiste*, Carnets Nord, Paris, 2010.
7. Cisco, *Network Traffic Forecast*, rapport, 2016.

3.5

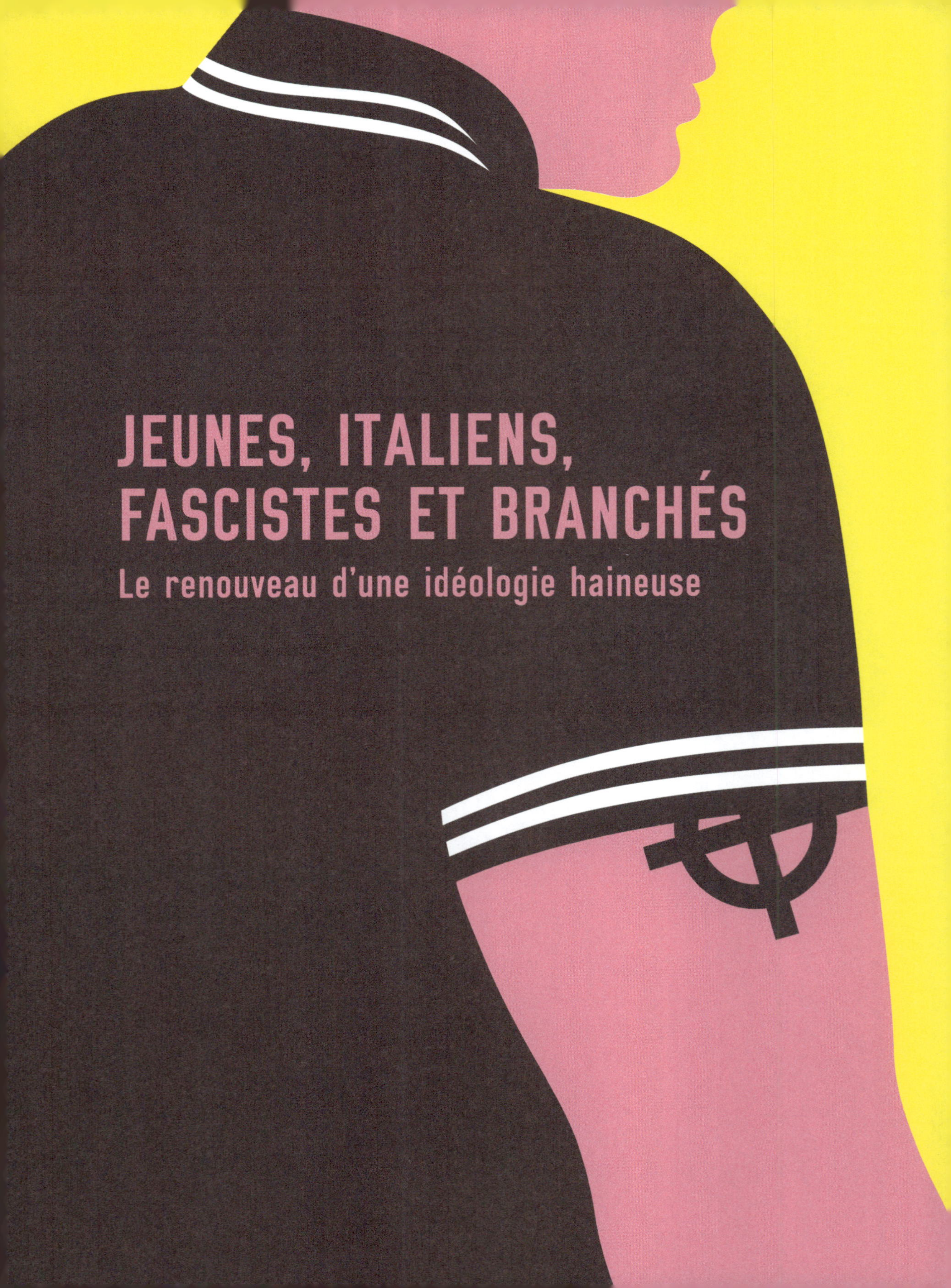

JEUNES, ITALIENS, FASCISTES ET BRANCHÉS

Le renouveau d'une idéologie haineuse

PAR **CHRISTIAN RAIMO** TRADUIT PAR **ALEXANDRE SÁNCHEZ**

Aujourd'hui, en Italie, le fascisme est à la mode. Quand certains pensaient cette idéologie dissoute dans les tabous de l'histoire nationale, les militants d'extrême droite travaillaient patiemment à leur grand retour dans l'arène politique – et la scène inaugurale se joue sur les bancs des lycées et des universités. Afin de combler le vide laissé par l'effondrement de la gauche, dans la pensée critique comme dans les urnes, et de conquérir les plus jeunes, le fascisme italien du IIIe millénaire s'est paré de nouveaux atours : il se présente comme « postidéologisé », débarrassé du « clivage gauche-droite » et s'enorgueillit de défendre les classes populaires et les femmes. Cette stratégie d'endoctrinement masque mal les motivations réelles de ce néofascisme qui, comme chez ceux qui l'ont précédé, reposent sur la défense identitaire, le racisme et le nationalisme.

« *Je suis fasciste* », déclare un garçon de treize ans. « *Moi aussi, je suis fasciste* », dit son ami. « *Moi aussi. On est tous fascistes* », enchaîne un autre. Certains sont en seconde, d'autres sont encore au collège. Les journées de cours sont brèves, le soleil permet de se promener en t-shirt et en short, et la place Cavour, à Rome, est le lieu où les étudiants se retrouvent après l'école, pour la pause-déjeuner, à l'heure de l'apéritif ou après le dîner.

Ils ont vingt, dix-sept, seize ou treize ans, ils sont assis sur les bancs ou sur les marches des escaliers de l'arrière du palais de justice, regroupés par âge. Les plus vieux arborent des mines revêches, leurs casques de moto sont recouverts de stickers de groupes politiques ou d'équipes de sport, ils soupirent avec dédain avant de dire qu'ils ne parlent pas aux journalistes, de temps en temps, ils esquissent des mouvements d'arts martiaux. Les plus jeunes courent à travers la place, ils se cherchent des modèles, un groupe, une identité à laquelle il serait facile de s'identifier.

La place Cavour est une scène de théâtre : celui qui s'y rend sait qu'il sera observé et que ce qui s'y passera peut avoir un écho national.

ILS SE CHERCHENT DES MODÈLES, UN GROUPE, UNE IDENTITÉ À LAQUELLE IL SERAIT FACILE DE S'IDENTIFIER.

Une exposition que l'on peut briguer ou dont on se passerait bien, c'est selon. Par exemple, personne ne parle des affrontements qui ont eu lieu en octobre 2016, lorsqu'un jeune de seize ans fut poignardé à l'abdomen, et à la suite desquels sept personnes, dont trois mineurs, ont été arrêtées. Parmi les interpellés, il y avait des militants de l'organisation d'extrême droite Fronte della gioventù (Front de la jeunesse) qui fréquentaient la section du quartier Prati.

«*Je ne suis pas d'accord avec les choses extrémistes, je suis un peu…* », un jeune garçon cherche ses mots. «*Fasciste*», propose son amie. «*Non, pas fasciste, non. Je suis impulsif.*» Les adolescents rencontrés sur la place reprennent inlassablement la même litanie: «*Tu dois comprendre que cette place est surtout fasciste*», «*C'est vraiment une mode*», «*Pour moi, le fascisme est une mode*», «*Oui, pour moi aussi c'est une mode*», «*Pour moi c'est une belle mode*», «*Bien sûr que je suis fasciste, c'est la mode*». Leurs vêtements nous le confirment, depuis les t-shirts du Blocco studentesco (Bloc étudiant, BS), la branche jeunesse de CasaPound Italia (CPI), aux patchs aux couleurs du drapeau italien en passant par les vêtements de la marque Pivert, étroitement liée à CPI. Une des figures emblématiques de ces jeunes est Francesco Polacchi, ancien chef du BS qui, en 2009, a pris la tête des affrontements contre les étudiants du mouvement de l'Onda («La Vague»), fondé pour protester contre les coupes du gouvernement Berlusconi dans le budget de l'Éducation et qui, en refusant toute forme d'affiliation partisane, aurait permis l'émergence du Mouvement 5 étoiles de Beppe Grillo[1].

Dans une société où l'antifascisme n'est plus une valeur reconnue comme telle, la droite radicale se sert de la mode et se cache de moins en moins; au contraire, elle cherche à être de plus en plus visible, elle veut se faire connaître – et y parvient.

La percée de la droite dans les médias

Dans la nébuleuse des mouvements et partis qui se sont dissous puis reformés, ce sont surtout Forza Nuova (Force nouvelle, FN) et CPI qui se démarquent. Le premier a été fondé en 1997 par Roberto Fiore et Massimo Morsello, déjà investis dans les années 1970 dans le groupe néofasciste Terza Posizione (Troisième Voie). Accusée d'antisémitisme et de négationnisme, FN veut marcher sur Rome comme l'ont fait les fascistes, fomente la violence contre les immigrants, s'oppose à l'IVG et à l'union civile – l'un de ses leaders, Giuliano Castellino, a été arrêté à l'automne 2017 pour avoir blessé trois agents de police alors qu'il essayait d'empêcher l'installation d'une famille érythréenne dans un logement social.

CPI naît en décembre 2003 avec l'occupation d'un ancien édifice du gouvernement, rue Napoleone III à Rome – occupation qui a par la suite été tolérée et acceptée aussi bien par le maire de centre-gauche Walter Veltroni que par celui de droite qui lui a succédé, Gianni Alemanno. Au fil des ans, CPI a occupé d'autres immeubles, ouvert une centaine de sections en Italie et élaboré un projet de « crédit social » inspiré de la politique économique fasciste, en particulier du manifeste de Vérone[2], et qui prévoit la construction d'habitations sociales dont la vente à prix modiques, et avec des prêts sans intérêts, serait exclusivement réservée à des familles italiennes. CPI ne s'oppose ni à l'union civile entre personnes de même sexe ni à l'avortement ; en revanche, il est contre l'adoption par les couples homosexuels et affirme que les étrangers représentent une menace économique et culturelle pour l'Italie, allant même jusqu'à parler d'un « *danger de substitution de la population italienne* ».

FAUT-IL DISCUTER AVEC CELUI QUI SE DÉCLARE FASCISTE ?

À l'occasion des élections municipales à Ostie en novembre 2017, CPI a été au cœur de l'attention médiatique. Les débats entre les journalistes et Simone Di Stefano, secrétaire du parti et candidat aux élections législatives du 4 mars 2018, ont déclenché des polémiques prévisibles, avant et après le scrutin à l'issue duquel le parti a récolté 9 % des voix. Les débats font ressortir certaines contradictions : faut-il discuter avec celui qui se déclare fasciste ? Risque-t-on de le dédouaner ou le force-t-on à se mesurer à la démocratie ? Peut-on être instrumentalisé par ceux qui cachent leurs liens avec la criminalité et la violence ?

Ces questions sont éclairées d'un nouveau jour par les différentes actions des néofascistes, à l'image de l'agression du journaliste Daniele Piervincenzi par Roberto Spada[3]. L'espace médiatique accordé à ces actes, fût-ce pour les dénoncer, n'assure-t-il pas une crédibilité à celui qui les commet ? L'action des skinheads à Côme ou encore celle des militants de FN devant les bureaux du journal *La Repubblica*[4] sont-elles le simple fait d'imbéciles ? La manifestation antifasciste, toujours à Côme, exprimait-elle une indignation largement répandue ou plutôt minoritaire – étant donné qu'elle n'a rassemblé qu'un millier de personnes, parmi lesquelles très peu de jeunes ?

Dans les écoles de Florence

En novembre 2017, à Florence, les élections de la Consulta provinciale degli studenti – l'équivalent italien du Centre régional des œuvres universitaires et scolaires (Crous) – se sont soldées par une victoire écrasante d'Azione studentesca (Action étudiante, AS), qui s'était dissoute avant de se reformer en septembre 2016 en s'affichant plus à droite encore. Dans les quarante-cinq établissements scolaires de la province florentine, AS a obtenu dix-huit mille voix, soit trente-deux des cinquante-huit sièges et la présidence. Le point de référence d'AS est Casaggì, un centre social inauguré à Florence en 2005 et qui se déclare aujourd'hui de « droite identitaire ».

« *Nous essayons de rassembler ceux qui ne se reconnaissent pas dans les partis traditionnels* », soutient le coordinateur national d'AS, Anthony La Mantia, vingt-cinq ans. « *Azione studentesca a cent quatre-vingts membres dans quarante villes. Ils sont très actifs, font beaucoup d'affichages»*, dit La Mantia. L'année dernière, ils ont organisé leur premier rassemblement national à Leonessa, dans la province de Rieti. «*Le tractage à sept heures du matin, et même quand il fait zéro degré, ça communique un sens du sacrifice. Et puis moi, j'y tiens, à la préparation culturelle*», ajoute-t-il.

La culture est essentielle, nous répètent de nombreux chefs et adhérents de la nouvelle droite. Ils sont influencés par l'écrivain nationaliste japonais Yukio Mishima comme par des figures que la droite s'est appropriées, telle celle du militant irlandais catholique Bobby Sands. Elle récupère également l'emphase sur l'autodétermination des peuples – remise aujourd'hui à la sauce souverainiste – et s'appuie sur quelques nouvelles maisons d'édition. L'une d'entre elles, Passaggio al bosco (en référence au *Traité du rebelle, ou le Recours aux forêts* de Jünger) a été fondée à Florence en 2017. La maison publie des classiques de la droite, tels les textes d'Ernst Jünger ou Giano Accame, et des ouvrages d'idéologues contemporains tel Marco Scatarzi (fondateur du centre social Casaggì), textes qui font l'éloge du néonazi omniprésent Léon Degrelle et citent les penseurs antimodernes comme le mathématicien et philosophe catholique Olivier Rey ou l'intellectuel Byung-Chul Han, auteur d'essais critiques sur le monde digital.

Tout a commencé avec Terza posizione

Les jeunes membres de cette droite identitaire n'ont pas honte du fascisme, reformulé au cours des années 1990 et 2000 après le virage de Gianfranco Fini vers un parti moins nostalgique[5]. Ils s'inspirent de groupes néofascistes comme Terza posizione, fondé en 1977 par des lycéens et universitaires, parmi lesquels Massimo Morsello, Roberto Fiore et Gabriele Adinolfi, aujourd'hui actifs au sein de FN ou CPI.

Dans son livre *La Fiamma e la Celtica* (La Flamme et la croix celtique), Nicola Rao raconte que de nombreuses figures des groupes d'extrême droite ont quitté l'Italie après le meurtre, en 1979, du militant Alberto Giaquinto, dix-sept ans, lors des premières commémorations de l'embuscade d'Acca Larentia [voir *infra*, p.9]. Dans les années qui ont suivi, la répression, les poursuites judiciaires et le départ de militants ont fait disparaître les groupes d'extrême droite qui ne s'étaient pas déjà dissous.

Pour les néofascistes, la période 1979-2006 est une parenthèse. Morsello, Fiore et Adinolfi sont à l'étranger et n'en reviennent qu'au début des années 2000. C'est à eux que les plus jeunes se réfèrent – ils n'ont même jamais entendu parler de Gianfranco Fini. Figure pourtant secondaire dans l'organisation, Adinolfi est lu et considéré comme le père spirituel de CasaPound. Un de ses écrits les plus cités est *Sorpasso neuronico* (Dépassement neuronal), un texte bref diffusé en 2008. Il y critique l'ensemble des décisions prises par la droite parlementaire et extraparlementaire ces trente dernières années: «*Durant toutes ces années, aucune proposition n'a convaincu qui que ce soit, il n'y a pas eu de consensus de masse, mais hommes et clans se sont disputé une partie du vote passif,*

LE LANGAGE SEMBLE PARFOIS CARICATURAL MAIS IL EXERCE UNE VÉRITABLE FASCINATION SUR LES PLUS JEUNES.

le vote réfractaire au changement, nostalgique non pas des années du fascisme, mais d'une jeunesse passée au café en face des locaux de la section. »

Adinolfi, comme d'autres, élabore son propre fascisme à partir de ceux des années 1919-1922 et 1943-1945. Il propose une nouvelle génération politique inspirée de l'arditisme[6], du futurisme et du squadrisme[7]. Et il écrit : « *Nous avons des prairies à reconquérir face à une société atomisée.* » Le langage semble parfois caricatural mais il exerce une véritable fascination sur les plus jeunes. Ces codes de camaraderie peuvent conquérir des adolescents qui ne sont pas encore vaccinés contre ce type de rhétorique. Adinolfi poursuit : « *Lorsque le sentiment d'appartenance à quelque chose de potentiellement édifiant devient un rituel de pithécanthrope, […] lorsque les bras tendus se vident de l'énergie futur/ardita pour devenir de désagréables et arithmétiques gesticulations d'exclus, lorsque les chemises noires se tachent de sauce tomate, alors la tendance positive de l'ancrage historique/symbolique s'inverse […]. La mentalité futur/ardita fait opposition : interventionniste, elle agit au lieu de prêcher. Elle répond à la devise mussolinienne : "Le fascisme est l'église de toutes les hérésies." […] Il faut détruire tout ce qu'il y a d'extrême droite et récupérer tout ce qu'il y a de fasciste.* »

Pour saisir l'ampleur de la portée des paroles d'Adinolfi, il suffit de parler avec Rolando Mancini, coordinateur national de BS, fraîchement diplômé en jurisprudence. Nous l'avons rencontré au lendemain des élections étudiantes de l'automne 2017 lors desquelles leur liste a obtenu, selon leurs communiqués de presse, cinquante-six mille voix dans toute l'Italie, la présidence des *consultes* de Fermo, Ascoli et Viterbo, la majorité dans certains établissements de Rome et 85 % des voix au lycée Faraday à Ostie. Bien qu'il n'y ait pas de résultats officiels des élections étudiantes, encore moins de celles des *consulte* provinciales – organes peu représentatifs élus avec un faible taux de participation –, les mouvements néofascistes s'en servent quand même pour leur propagande. Mancini nous parle avec précaution. Nous le rencontrons au siège de CasaPound : l'intérieur de l'immeuble est dépouillé, il y a une atmosphère de catéchuménat, sur les murs sont affichés des portraits de femmes liées au fascisme et des signes de ce qu'Umberto Eco a appelé l'Ur-fascisme[8]. Nous nous asseyons sur des divans défoncés.

Le pouvoir par les tranchées (*trincerocrazia*) selon Blocco studentesco

Le jeune coordinateur de BS nous raconte : « *Nous avons relancé l'arditisme, il faut toujours faire attention au style, alimenter la panique médiatique. Je te donne un exemple : il y a des centres sociaux qui revendiquent la légalisation de la marijuana. Nous, nous demandons la légalisation du duel. Nous le faisons pour provoquer, mais nous aimerions que le véritable duel soit réhabilité dans ce monde de faux duels comme ceux qui abondent sur Facebook. Les batailles qui distinguaient notre mouvement dans les années 1990, la lutte contre la drogue et contre l'avortement, par exemple, ne nous intéressent plus. Nous les avons dépassées. L'avortement, ce n'est pas beau, mais c'est le choix de la femme. Quant à la drogue, nous sommes contre parce que tu ne peux pas choisir l'arditisme et ensuite te rouler un pétard pour t'endormir. On ne mène pas de batailles politiques. On préfère faire que faire faire.* » Toujours selon Mancini : « *Le fascisme est un père sévère à qui nous devons rendre compte de nos actes. Comme nous le faisons avec ceux d'Acca Larentia. Nous avons un rapport sacré avec les morts. On nous accuse d'être nécrophiles, mais quand nous saluons la mémoire des trois militants du Fronte della gioventù assassinés le 7 janvier 1978, nous sommes convaincus que les morts marchent avec nous.* »

Quant aux jeunes qui se rapprochent de BS, il y a, nous explique-t-il, « *la fascination pour un symbole, le drapeau, qui agit sur le plan émotionnel. Nous transformons cette fascination en conscience politique. Quand j'étais gamin, sans avoir lu Costamagna*[9]*, j'étais attiré par les symboles de la droite, par l'impact visuel de ce monde. [...] [Au sein de BS,] chaque section a un responsable. C'est le pouvoir par les tranchées : tu obtiens un poste et un rôle avec le temps, avec l'expérience. Il y en a beaucoup qui ne restent pas parce que le travail de militant est dur, il y a deux réunions par semaine, puis il y a le tractage tôt le matin devant les écoles, l'affichage, et il y a les tournées à CasaPound, qui est ouvert en permanence* ».

La violence ? « *Notre violence est toujours une défense. On réagit quand on nous provoque* », dit-il. Nous lui rappelons l'irruption de membres de CasaPound au siège du quatrième municipale de Rome, exigeant la fermeture du centre où la Croix-Rouge accueille des migrants. Il y a eu des affrontements avec les militants de gauche « *parce que nous, on ne se laisse par marcher dessus* », se justifie-t-il. Nous évoquons ensuite le jeune homme de dix-huit ans, battu parce qu'il portait un t-shirt laissant sous-entendre qu'il était communiste. « *Je ne sais pas grand-chose de cette affaire. Mais je peux dire que moi aussi, quand je portais mon t-shirt de Zetazeroalfa*[10] *au lycée, j'ai dû me battre avec des antifascistes et on se mettait des baffes. Ça peut arriver n'importe quand de se prendre une droite. Pour moi, c'est sain. Ça veut dire que t'as vécu.* »

AUX FONDEMENTS DE LA DROITE ITALIENNE IL Y A LE MYTHE DES JEUNES HOMMES QUI ONT COMBATTU PENDANT LA PREMIÈRE GUERRE MONDIALE.

Tandis que Mancini parle, l'ambiance de l'édifice rue Napoleone III s'apparente de plus en plus à celle d'un mausolée. Lui-même insiste sur le rapport à la mort. Elia Rosati, chercheur en histoire à l'université de Milan, étudie les droites radicales depuis des années. Dans son ouvrage *CasaPound. Fascisti del terzo millenio*, il rappelle qu'aux fondements de la droite italienne il y a le mythe des jeunes hommes qui ont combattu pendant la Première Guerre mondiale, entre arditisme et dannunzianisme[11], et qui ont été les premiers à adhérer au fascisme dès 1919.

Le lien entre nationalisme et sentiment d'appartenance à une communauté de morts était particulièrement visible lors de la manifestation organisée le 7 janvier 2018, à l'occasion des quarante ans de l'embuscade devant les locaux de la section romaine du parti Movimento sociale italiano (Mouvement social italien, MSI), rue Acca Larentia, lors de laquelle furent tués deux jeunes activistes du Fronte della gioventù, Franco Bigonzetti et Francesco Ciavatta, avant qu'un troisième, Stefano Recchioni, ne trouve la mort lors des affrontements avec les forces de l'ordre qui éclatèrent quelques heures plus tard.

Un cortège funèbre

Dans le cortège de près d'un kilomètre, les militants sont placés en rangées de sept, pour un effet plus spectaculaire. CPI organise, s'occupe du service d'ordre, synchronise le tout et interdit de prendre des photos. Pendant trois heures, personne ne peut donner d'interview. Avant le signal de départ, Adriano Scianca – journaliste et écrivain – accepte de parler, unissant la dimension politique (et électorale) à celle du sacré : « *Nous visons les 3 %*[12] ». Puis il ajoute : « *Les morts sont notre pilier métapolitique.* »

En bomber et baskets New Balance, les participants sont tous blancs et presque tous des hommes. Ils se saluent en se serrant l'avant-bras, les plus âgés donnent des ordres aux plus jeunes. Gianluca Iannone, président

« LES MORTS SONT NOTRE PILIER MÉTAPOLITIQUE. »

de CPI, s'occupe de la mise en scène. Simone Di Stefano se déplace un peu plus dans l'ombre. Mauro Antonini, un candidat du Parti, explique que ces attitudes reflètent « *la répartition des rôles au sein du mouvement. Di Stefano parle à ceux qui ne sont pas de CasaPound, il passe à la télé, il est notre visage pour l'extérieur. Iannone parle aux militants, aux sections. Il est le chef de la tribu* ». C'est Iannone qui dit où s'arrêter, dans quel ordre se ranger. Jusqu'à l'arrivée aux locaux de la section d'Acca Larentia, où tous les participants sont encadrés pour crier « *presente* » et marquer le souvenir de Bigonzetti, Ciavatta et Recchioni. La scène se joue à trois reprises. Bras tendus, saluts romains, le groupe se disperse. Une journée comme celle-là montre que CPI et BS ressemblent plus à des sectes religieuses qu'à des partis politiques : la formation est une initiation, la camaraderie un lien sacré.

L'endoctrinement des militants

Et comme dans les sectes, il y a des principes à respecter. Pour de nombreux militants néofascistes, ces commandements sont ceux du décalogue de la 10e flottille MAS[13]. Jacopo, vingt et un ans, qui a milité dans les rangs de BS, raconte : « *Chaque fois que tu parles, que tu participes à un meeting, que tu fais une action, tu as [ces commandements] en tête. […] Tais-toi, sois sérieux et modeste, ne sollicite pas de récompense, sois discipliné, sois respectueux, aie le courage des forts et non celui des désespérés, sois digne, sois fidèle, ne prends pas de drogues, donne une valeur à la vie.* » Ces principes

« TAIS-TOI, SOIS SÉRIEUX ET MODESTE, NE SOLLICITE PAS DE RÉCOMPENSE, SOIS DISCIPLINÉ, SOIS RESPECTUEUX, AIE LE COURAGE DES FORTS ET NON CELUI DES DÉSESPÉRÉS, SOIS DIGNE, SOIS FIDÈLE, NE PRENDS PAS DE DROGUES, DONNE UNE VALEUR À LA VIE. »

servent à cimenter l'union entre le parti et les jeunes : « *Quand tu as vécu avec CasaPound vingt-quatre heures sur vingt-quatre, au moment où tu quittes le groupe, tu as l'impression d'être un traître et d'avoir abandonné un idéal* », dit Jacopo.

FN mise aussi beaucoup sur l'endoctrinement des jeunes. Un communiqué de novembre 2017 du Raggruppamento operativo speciale (Groupement opérationnel spécial, un corps de la gendarmerie) le confirme : « *On remarque que l'attention du groupe se concentre sur l'activité d'endoctrinement des jeunes jusqu'à l'adolescence, afin de mieux les intégrer dans un partage fervent des intentions dictées par le mouvement afin d'inspirer le militantisme et la vie de chacun [...]. Cette capacité à enrôler les mineurs, sur un plan idéologique et comportemental, dans un contexte pétri de haine et de racisme, régi par des lois rigides, montre le réel danger que représentent ces groupes.* » Et les cadres des partis en ont bien conscience : « “*Moi, ce qui m'intéresse le plus, ce sont les jeunes, les gamins*” » dit l'un des leaders de Forza nuova. Un article de *La Repubblica* décrit les conséquences de cet endoctrinement : « *Les jeunes recrues à former dans la haine ont fui l'éducation des parents et changent d'humeur, ils se fient aveuglément aux leaders. Les parents de certains gamins appellent les responsables du mouvement, désespérés : “Nous n'existons plus”, dit le père d'un jeune de dix-sept ans dans une conversation interceptée par les gendarmes en 2014, “il n'y a que le Parti et ses grosses têtes. Nous les parents, on compte pour rien.”* »

Parmi les livres prescrits pour la formation, il y a *Le Bréviaire du chef de nid* de l'écrivain nationaliste roumain Corneliu Zelea Codreanu, qui commença à faire de la politique en fondant un mouvement étudiant, ou *Les âmes qui brûlent* de Léon Degrelle, deux textes qui sont des manuels de formation spirituelle et militaire, écrits dans un style martial à la limite de la parodie. Valerio Renzi, qui a étudié la montée des droites à Rome, confirme l'image de la secte : « *Certaines organisations comme Forza nuova et CasaPound ressemblent plus à une secte qu'à un parti, avec leurs méthodes d'initiation, d'inclusion, d'exclusion. La structure élitaire crée le désir d'être inclus et le mouvement organise tous les aspects de ta vie.* »

« *Le fascisme du III*^e^ *millénaire est vécu comme une expérience prérationnelle, un style de vie qui s'adresse à la raison des personnes pour satisfaire leur besoin d'identité* », écrit l'anthropologue Maddalena Gretel Cammelli[14]. « *La violence et la mort sont revendiquées, exécutées et mises en acte comme des instruments concrets qui permettent de lier le fascisme contemporain à ses manifestations historiques.* »

LES FEMMES N'ONT PAS LE DROIT DE FAIRE LE SALUT ROMAIN CAR CE GESTE APPARTIENT AUX LÉGIONNAIRES, AUX COMBATTANTS.

Contre le féminisme

Le rôle des femmes dans les mouvements de jeunes néofascistes est lui aussi l'objet d'études. Dans les rangs de Lotta studentesca (Lutte étudiante, LS), les femmes n'ont pas le droit de faire le salut romain car ce geste appartient aux légionnaires, aux combattants. Elles ne peuvent pas non plus participer aux collages d'affiches, jugés trop dangereux pour les femmes, « *considérées inférieures aux hommes et inutiles en cas de problèmes ou d'affrontements avec d'autres groupes* », explique un militant de LS. En décembre 2017, les tracts diffusés par des militants de FN à Carpi afin de récolter des signatures disaient ceci : « *Signez pour le revenu aux mères de famille, pour que chaque femme qui fait le choix de rester au foyer reçoive cinq cents euros par mois.* » Sur le site de l'organisation, il est précisé que le revenu maternel ne serait accordé qu'à celles qui acceptent « *de rester à la maison plutôt que d'aller travailler* », et seulement si elles sont italiennes.

Les militantes sont formées à rejeter le féminisme dont on compare les tenantes à des « *chiennes qui demandent d'avorter ou de devenir des hommes* ». Le 18 novembre, à Trieste, des militants ont organisé une manifestation contre le projet de loi sur le droit du sol en même temps que la manifestation contre les violences faites aux femmes organisée par le mouvement Non una di meno (Pas une de moins). Deux jours plus tôt, le vice-secrétaire national de FN, Giuseppe Provenzale, avait publié sur Facebook un commentaire sur l'IVG : « *Le droit à l'homicide/avortement n'est jamais admissible pour quiconque prétend être un défenseur de la Patrie.* »

La figure tutélaire du « féminisme » de FN est Evita Perón. L'association Evita Perón est « *une association de femmes qui s'adresse aux femmes, trop souvent privées aujourd'hui de leur identité à cause des ravages provoqués par le "féminisme", afin qu'elles revendiquent à nouveau leur droit d'être mères du futur de notre société* », peut-on lire sur le site. Provenzale écrit : « *Nous venons au monde pour créer une famille, pas pour vivre dans la rue. Les militantes doivent agir aux côtés de leurs camarades, mais affronter les problématiques de leur spécificité féminine en évitant à tout prix de se "masculiniser". En politique, la femme doit être aux côtés de l'homme, mais elle ne doit jamais lui permettre de se mêler de ses affaires.* » L'été dernier à Catane, FN a organisé la première colonie de vacances Evita Perón : les éducatrices enseignaient aux enfants le chromatisme aryen et expliquaient la signification des trois couleurs du drapeau nazi.

Au sein de BS, le climat est un peu différent, mais les rôles sont les mêmes, formellement et les filles sont toujours en minorité. « *Avant, la politique était considérée comme étant réservée aux hommes, mais aujourd'hui c'est différent*», dit Clara, militante romaine. Les jeunes femmes de la section s'occupent «*du secrétariat, parce que nous sommes plus prédisposées, des activités après l'école ou de la collecte d'aliments, mais toutes ces activités s'adressent aussi aux garçons*». «*Je ne suis pas contre l'IVG*», précise Clara, mais elle estime que «*le féminisme a comme prérequis la soumission à l'homme d'une partie de la "femelle" qui ne veut pas assumer les fardeaux ni les honneurs d'être une femme*».

Le nouveau fascisme a une idéologie

De nombreux commentateurs ont évoqué le populisme, le *qualunquismo*[15] et l'antipolitique pour définir la nouvelle droite, mais cette approche est réductrice. En 2010, le groupe de rock alternatif I Cani chantait: «*I pariolini di 18 anni / animati da un generico quanto autentico fascismo*» (Les jeunes bourgeois de 18 ans / animés d'un fascisme aussi authentique que quelconque.) À l'époque, les néofascistes de BS et de CPI essayaient de se camoufler et d'imiter le *qualunquismo*. Mancini précise: «*Je suis membre de BS depuis la naissance du groupe en 2006. Les jeunes étaient peu impliqués dans la politique, mais il y a eu de nombreuses manifestations contre la réforme de Mariastella Gelmini*[16] *et nous avons créé une coordination transversale avec les collectifs de gauche. Puis tout a changé quand les étudiants de la Sapienza, qui ne toléraient pas l'accord, sont intervenus.*» Les affrontements avec les étudiants de gauche sur la place Navona à Rome en octobre 2008 font partie de l'automystification de BS, qui s'est présenté avec le slogan «*Ni rouges ni noirs, mais libres de penser*». Selon Claudio Riccio, l'un des leaders de l'Onda lors de ces manifestations, «*Blocco studentesco a toujours représenté les fascistes, peu ou prou. En 2008-2009, ils ont lancé une opération de camouflage qui ne leur a pas réussi, en utilisant des slogans qualunquistes*».

Aujourd'hui, ce fascisme est moins quelconque. Alors qu'en 2012 disparaissait des kiosques le journal *Secolo d'Italia*, à travers lequel Flavia Perina avait tenté de libérer la droite de son héritage fasciste, fin 2017, paraît le journal de la nouvelle droite, *Il Primato Nazionale*. Son directeur, Adriano Scianca, est un inlassable vulgarisateur des quelques concepts clés de ces mouvements, depuis la fin de la droite et de la gauche, théorisée par Alain de Benoist dans *Droite-gauche, c'est fini! Le moment populiste*, jusqu'à l'idée que le multiculturalisme peut mener au suicide d'une nation, comme le soutient Éric Zemmour, en passant par la menace du «grand remplacement» brandie par Renaud Camus. Faisant écho à ce dernier, Scianca écrit dans *L'Identità sacra*: «*Le peuple à éliminer est avant tout le peuple européen dont l'existence [...] constitue le grand scandale, le péché historique à expier. L'Europe [...] agite encore les rêves de ceux qui attendent, depuis des millénaires, de "clore" l'aventure historique de l'homme, et voient chacune de leurs tentatives frustrées. C'est de cette frustration que naît le projet le plus criminel qui n'ait jamais été conçu: la substitution de peuple.*»

Mêlée à des théories du complot comme celle du plan Kalergi – qui affirme qu'il existe un plan pour remplacer la population européenne par une immigration africaine et

LES NÉOFASCISTES ITALIENS, DIVISÉS SUR DES THÈMES COMME L'AVORTEMENT, SE RASSEMBLENT DERRIÈRE LA DÉFENSE IDENTITAIRE ET L'ANTIFASCISME.

asiatique –, la peur du grand remplacement fonctionne chez les jeunes. Renaud Camus – référence de Matteo Salvini, Marine Le Pen et des mouvements néofascistes d'Europe de l'Est – est convaincu qu'il faut résister à l'invasion des peuples non européens. Les néofascistes italiens, divisés sur des thèmes comme l'avortement, se rassemblent derrière la défense identitaire et l'antifascisme. Valerio Renzi va dans ce sens : « *Un antifascisme vidé de sens est une cible facile pour l'antagonisme maniériste des droites radicales. […] Les néofascistes réussissent à se présenter comme une alternative en reprenant les symboles, noms et mythes du néonazisme : il n'y a qu'à les voir citer Degrelle, un collaborateur qui a écrit un pamphlet intitulé* Hitler pour mille ans ! »

Contre l'antifascisme et avec l'intégrisme catholique

Un militant de LS nous explique que le mouvement a abandonné les débats dans les écoles pour entreprendre une campagne « *contre la culture antifasciste* » afin d'attirer plus l'attention et de former un consensus. Cette bataille est principalement menée par les dirigeants du parti. D'après le secrétaire national Roberto Fiore, l'antifascisme est un instrument que les élites de gauche utilisent afin d'« *occuper l'État* ». Selon Mirco Ottaviani, responsable du parti en Émilie-Romagne, « *il est temps de décréter la fin de cette République antifasciste et du climat de haine qui l'a accompagnée depuis sa fondation* ».

Outre la lutte contre l'antifascisme, ce qui caractérise FN et LS est leur adhésion à l'intégrisme catholique. Leurs membres, contrairement à ceux de CasaPound, ne sont pas fascinés par le néopaganisme de Julius Evola[17] et ses grossièretés mystiques. Pour eux, la messe est un moment de regroupement, même si le pape François est vu comme une sorte d'adversaire politique. Les lefebvriens de Saint-Pie-X[18] sont nombreux à citer la figure de Ennio Innocenti, né en 1932, aujourd'hui chapelain de la Sacra fraternitas aurigarum urbis à Rome. Lorsque nous l'interrogeons sur ses rapports avec le néofascisme, celui-ci répond : « *J'ai toujours eu des liens d'amitié avec certains néofascistes qui me semblaient être parmi les rares à lutter contre la dérive hyperlibérale héritée des Lumières. Ceux de FN en font partie. Le problème est qu'ils sont ignorants. Roberto Fiore voulait faire une école, mais ensuite, ils n'ont rien fait. Ils n'ont pas assez de racines historiques et culturelles pour motiver leurs propres convictions.* »

Les raisons de cette ascension dans les écoles

Ils sont peut-être ignorants et confus, comme le dit Innocenti, mais ils savent être efficaces et convaincants et, souvent, leur capacité de faire du prosélytisme est alarmante. À Ostie, « *ils sont tellement présents dans certaines écoles que, dans les faits, ils les contrôlent* ».

Une lycéenne raconte comment elle se débat pour faire entendre une parole antifasciste : « *C'est tout le dixième municipe de Rome, le problème, pas seulement Ostie. Dans les lycées, la présence des listes néofascistes est limitée, mais dans les lycées professionnels, ils ont une forte influence. Ils profitent du je-m'en-foutisme. Dans certaines écoles, le logo de BS est partout, être étudiant veut dire être militant de droite. Ils se postent devant les établissements scolaires pour distribuer leurs tracts, recruter, et les étudiants ne s'y opposent pas : BS n'est même pas perçu comme la branche jeunesse de CasaPound parce qu'ils prennent des gamins de quinze ans, ils leur font faire de l'aide aux familles, et ça ne ressemble pas à de la politique, au début. Et ensuite, ils deviennent violents et les intimidations commencent : donner un coup de tête à untel, cracher sur untel.* » Dans des contextes comme celui-là, l'antifascisme est une guerre de résistance. Et même si le nombre de néofascistes n'a pas augmenté, leur présence est de plus en plus visible parce que les rangs de la gauche ont été désertés de manière dramatique. Francesca Picci, de l'Unione degli studenti (Union des étudiants), nous montre l'appel écrit dans le but de « *promouvoir, dans les écoles et les* consulte, *des assemblées informatives sur la signification et l'importance de l'antifascisme aujourd'hui* ». Au cours de la dernière année, les initiatives antifascistes se sont multipliées.

Mais ceux qui font de la politique à gauche soulèvent un autre thème. Faire de la politique au lycée devient difficile à cause des réformes qui répriment de plus en plus l'expression politique des étudiants : de la note de conduite au nombre

DANS DES CONTEXTES COMME CELUI-LÀ, L'ANTIFASCISME EST UNE GUERRE DE RÉSISTANCE.

d'absences à ne pas dépasser (même en cas de grève), le risque de se faire expulser augmente. Les représentants des étudiants reçoivent très souvent des menaces des cadres administratifs et des enseignants. Une jeune fille impliquée dans des collectifs de gauche à Milan s'inquiète : « *Il y en a beaucoup qui arrêtent de faire de la politique pour ne pas se faire virer ou recaler. Les écoles sont encore le laboratoire du pays. Mais il est clair que si les occupations sont criminalisées, si les mobilisations contre la formation par alternance ont des répercussions sur la moyenne générale, ça devient compliqué de s'engager.* » Francesca Coin, enseignante de sociologie à l'université Ca' Foscari de Venise, ajoute : « *Les assemblées et la participation politique distraient et sont parfois considérées comme carrément nocives. Il n'est pas difficile de comprendre pourquoi l'imaginaire politique des nouvelles générations tend à droite quand, depuis qu'ils sont petits, ces jeunes ont surtout subi des coupes budgétaires, reçu des avertissements et des prescriptions.* »

À la crise de la gauche s'ajoute le sentiment grandissant que « politique » est un gros mot. Une étudiante de la Farnesina, à Rome, explique : « *Nous sommes contre la politique. Bon, je ne sais pas ce que dit la loi… mais aussi bien aux étudiants qu'aux professeurs, il est interdit de faire et de parler de politique à l'école.* » L'antipolitique est une prairie. Nous demandons au journaliste et écrivain Marco D'Eramo qui, selon lui, pourra la conquérir. « *Le fait d'avoir rasé au sol toute forme d'idéologie de gauche a permis à une crypto-idéologie fasciste de survivre à l'abri de toute critique, et cette dernière est restée l'unique idéologie antisystème pour un adolescent.* » Pour ceux qui en ont fait leur idéologie et qui y croient, la compétition ne les oppose pas aux militants antifascistes, mais à quiconque vise l'espace de l'antipolitique – chez les étudiants, le Mouvement 5 étoiles n'a pas réussi à percer.

La postpolitique de Simmachia

De ce point de vue, la nouveauté la plus intéressante dans les lycées romains est sans doute Simmachia. En 2016, Leonardo Panerai, étudiant de terminale, s'associe à son ami Giovanni Nasta. Il veut créer un réseau de listes scolaires apolitiques, ni de droite ni de gauche. Le nom, « symmachie » en français, signifie « combattre ensemble ». Le réseau se présente aux élections étudiantes et conquiert sept établissements de Rome en 2016, puis quinze en 2017. Le programme de Simmachia est simple. Il prévoit entre autres le « *partage d'idées lors d'assemblées et de rencontres parascolaires* » et l'organisation de fêtes et de tournois. En février 2017, quatre cents personnes participent à la première assemblée. Elles se donnent un statut d'association culturelle et, très vite, grâce aux membres qui s'inscrivent à l'université, le réseau devient le plus important au sein de la Luiss, l'université privée de Rome. « *Nous ne sommes ni de droite ni de gauche. L'important, c'est de donner aux jeunes un instrument utile pour comprendre et s'informer, dit Panerai. Pour nous, ce qui compte, ce n'est pas de dire quelle idée il faut suivre, mais de permettre à chacun de se faire son idée. Beaucoup de gens pensent que nous sommes tous de droite parce que nous sommes du nord de Rome. C'est faux.* »

Il est assisté de Gian Luca Comandini, un entrepreneur de vingt-sept ans expert du bitcoin, enthousiasmé par le projet : « *Ce jeune homme vient me voir un jour, je ne le connais pas, et il m'explique qu'il veut créer une communauté totalement apolitique, formée de personnes fascinées par l'intelligence artificielle, le big data, le* blockchain, *toutes ces choses qu'on ne t'enseigne pas à l'école. L'idée me plaît énormément : une des choses que j'ai toujours voulu faire, c'est retourner à l'école pour aider les gamins, qu'ils aient un parcours plus facile que le mien. Avant de les connaître, j'étais sûr que leur génération aussi était perdue.* » Comandini leur donne des livres : de Sun Tzu à Marc-Aurèle, de Byung-Chul Han à Richard Thaler. Il leur prête de l'argent et met ses bureaux à leur disposition. Il insiste pour dire que la politique est dépassée : « *Les* millenials *n'ont confiance en aucun système traditionnel. Simmachia a un grand avenir et ira beaucoup plus loin que le Mouvement 5 étoiles, qui est un parti sans compétences.* »

« *Simmachia est une marque qui fonctionne* », dit un lycéen. « *Ça nous a tout de suite intéressés, et puis on connaît tout le monde, ils font plein de choses et organisent des soirées. Si tu as voté pour Simmachia, tu peux recevoir une carte qui te donne des rabais dans certaines boutiques exclusives* », ajoute un autre. Aucun d'entre eux ne fait de politique de manière active. Ils la voient comme une perte de temps : ce qui les intéresse, c'est de

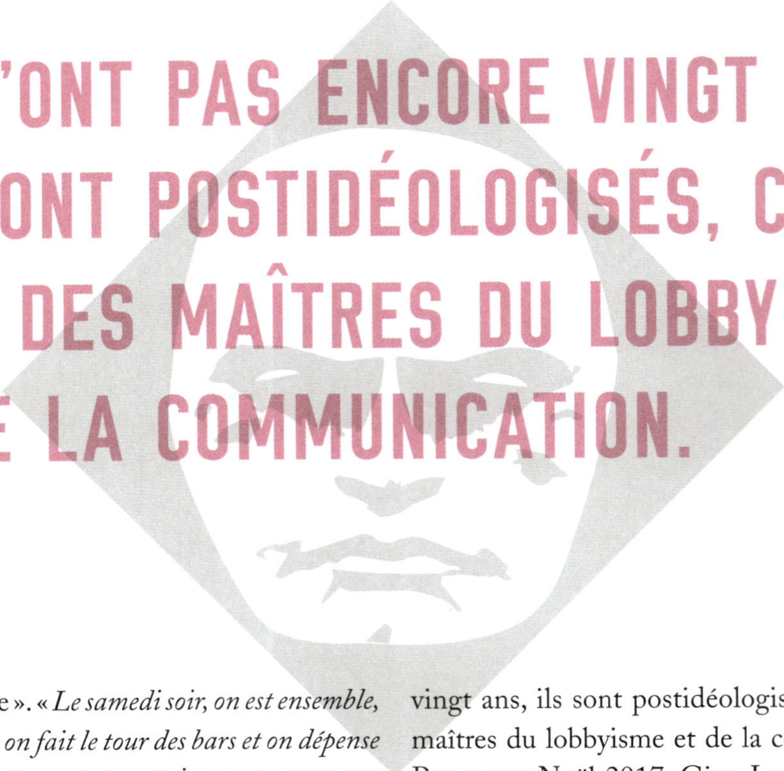

ILS N'ONT PAS ENCORE VINGT ANS, ILS SONT POSTIDÉOLOGISÉS, CE SONT DES MAÎTRES DU LOBBYISME ET DE LA COMMUNICATION.

« suivre la mode ». « *Le samedi soir, on est ensemble, on va danser ou on fait le tour des bars et on dépense généralement entre cent et cent cinquante euros par soirée : ça coûte cher de se divertir. Des fois, on se bastonne, ça fortifie. Malheureusement, ceux du sud de la ville sont arrivés jusqu'ici et ils viennent nous emmerder place delle Muse. Ils viennent se la jouer, essayent de nous piquer nos chaînes en or et nos vêtements, mais si on est assez nombreux, ils s'en vont. Depuis que la place Cavour n'est plus ce qu'elle était, l'âge moyen a drastiquement baissé, les gens sont allés vers le centre, près de la place Navona, au* Bar del Fico. *Il y a moins de contrôles, on est plus libres pour boire et s'éclater. La passion pour la musique, c'est plus un truc de Rome sud. Je n'ai pas un style préféré, j'aime bien écouter de tout, de la musique commerciale à la techno, mais aussi du trap, même si c'est de la musique de gauchos.* »

En un peu plus d'un an, Simmachia est devenue le réseau le plus important dans les établissements scolaires du nord de Rome et de l'université Luiss. Ils n'ont pas encore vingt ans, ils sont postidéologisés, ce sont des maîtres du lobbyisme et de la communication. Peu avant Noël 2017, Gian Luca Comandini, avec un groupe de jeunes entrepreneurs, a lancé un parti, Dieci Volte Meglio (Dix fois mieux). « *Notre projet est un projet non partisan* », peut-on lire dans le manifeste du parti. Ils dénoncent une Italie où règnent « *la corruption, l'envie, l'incompétence et l'incivilité* » et déclarent vouloir en faire « *non seulement un endroit meilleur, mais LE meilleur endroit* ». En nous, subsiste l'impression que la politique est une immense case vide que chacun peut remplir comme il veut.

La politique telle que la font les filles et les garçons des écoles italiennes est le miroir de la politique de demain. Après des années d'éviscération, le paysage est désert, mais il recommence à se peupler : de la gauche en crise, de détritus du néofascisme, de mots vides, de désir d'une communauté, de nostalgie pour les « pères », et de la méfiance désormais endémique. Le futur projette une étrange lumière noire.

1. Afin de réduire le budget de plus de huit milliards d'euros, la réforme de la ministre de l'Éducation, Mariastella Gelmini, a notamment supprimé plus de quatre-vingt mille postes d'enseignants et quarante-cinq mille emplois administratifs en quatre ans.
2. Programme en dix-huit points du Parti fasciste républicain de Mussolini pour le gouvernement de la République sociale italienne, approuvé en novembre 1943 par l'Assemblée des représentants fascistes.
3. Le 7 novembre 2017, Daniele Piervincenzi, de la RAI, a été violemment agressé par un membre de la famille Spada, connue à Ostie pour ses activités mafieuses, auquel il demandait d'expliquer les raisons pour lesquelles il soutenait le candidat de CPI.
4. Fin 2017, deux coups d'éclat des néofascistes ont fait la une des journaux. Le 29 novembre, lors d'une réunion du groupe d'aide aux migrants Como senza frontiere (Côme sans frontières), un groupe de skinheads fascistes a fait irruption dans la salle pour lire une déclaration appelant à mettre fin à l'« invasion des migrants ». Le 6 décembre, un petit groupe a allumé des fumigènes et déployé des banderoles devant l'entrée des locaux du quotidien *La Repubblica*.
5. Lors du congrès extraordinaire du MSI à Fiuggi en 1995, Gianfranco Fini, leader du Parti fondé en 1946 par ceux qui persistaient à se dire mussoliniens, l'a dissous pour créer l'Alleanza nazionale (Alliance nationale) et se rallier aux centristes de Berlusconi.
6. Arditi est le nom donné aux membres des *Reparti d'assalto*, des groupes d'éclaireurs combattants dans les rangs de l'armée italienne lors de la Première Guerre mondiale. Les vétérans Arditi s'enrôlèrent en grand nombre dans les milices fascistes créées en 1919 par Mussolini et furent nombreux à marcher sur Rome, le 28 octobre 1922.
7. Les squadristes, membres des squadre d'azione, étaient des paramilitaires engagés par les chefs locaux et propriétaires terriens pour briser les mouvements sociaux avant la prise du pouvoir par les fascistes. Ils devinrent le bras armé officieux du fascisme qu'ils défendaient contre ses opposants au cours d'expéditions punitives illégales.
8. Dans une conférence donnée à l'université Columbia en 1995 (disponible en français sous le titre « Reconnaître le fascisme »), Umberto Eco a décrit les symptômes de ce qui forme le noyau dur de la baroque hétérogénéité du fascisme italien, le fascisme fondamental ou « Ur-fascisme » – nationalisme, haine des femmes, racisme – et a mis en garde contre la menace d'une prise du pouvoir par des « fascistes en civil ».
9. Le juriste Carlo Costamagna est l'auteur, en 1938, de l'ouvrage *Storia e Dottrina del fascismo* (*Histoire et doctrine du fascisme*), qui expose le contenu juridico-politique du fascisme.
10. Le groupe de rock de CasaPound.
11. Variante de l'extrême droite italienne inspirée du propagandisme nationaliste et irrédentiste de Gabriele D'Annunzio, poète et militaire insoumis, célèbre notamment pour avoir occupé le port istrien de Rijeka (Fiume, en italien) afin de l'offrir à l'Italie, qui le refusa.
12. C'est le pourcentage minimum qu'un parti doit obtenir aux élections afin de pouvoir entrer au Parlement.
13. La 10e flottille MAS (Mezzi d'Assalto) était un commando de la marine royale italienne créé sous le régime fasciste. Après la débandade de l'armée italienne en 1943, une partie de l'unité continua à combattre les Alliés et les partisans sous les ordres du capitaine fasciste Borghese.
14. « Fascism as a style of life. Community life and violence in a neofascist movement in Italy », *Focaal. Journal of Global and Historical Anthropology*, vol. 2017, n° 79, p. 89-101.
15. Mélange d'apathie politique et de défiance envers les institutions, lié au mouvement de l'*Uomo qualunque* (Homme quelconque) qui apparaît en 1944 avec Guglielmo Giannini, journaliste, écrivain, homme politique et dramaturge.
16. Voir note 1.
17. Julius Evola (1898-1974), écrivain et italien fasciné par l'ésotérisme, élitiste antimoderne qui a construit la base mythologique aryo-nordique des nouvelles droites européennes.
18. Société de prêtres traditionnalistes intégristes fondée par Marcel Lefebvre en Suisse en 1970.

L'ÉQUATION DRUZE AU CŒUR DU MOYEN-ORIENT

Retour sur
une communauté
ignorée

PAR JEAN-PIERRE FILIU

La tentation exterminatrice de l'État islamique a obligé l'Occident à s'intéresser aux nombreuses minorités qui peuplent le Moyen-Orient, des Yézidis aux Kurdes. Mais l'une d'elles continue d'échapper aux radars et à l'intérêt de la communauté internationale, bien qu'elle joue une partition singulière dans l'équation de la région. En Israël, les Druzes sont les seuls Arabes autorisés à servir dans l'armée. Au Liban, ils font souvent partie du fer de lance de la résistance à Israël. En Jordanie ou en Syrie, ils sont tout aussi scindés politiquement. Retour sur une minorité qui déjoue les assignations communautaires au Moyen-Orient.

En tout début de matinée du 14 juillet 2017, deux policiers israéliens, en faction à l'une des entrées de l'esplanade des Mosquées de Jérusalem, sont tués par un commando palestinien[1], lui-même bientôt neutralisé. Cet attentat, survenu un vendredi, peu avant la grande prière musulmane, entraîne la fermeture par Israël durant quarante-huit heures du troisième lieu saint de l'islam, mesure sans précédent en un demi-siècle d'occupation de Jérusalem-Est. L'émotion et la mobilisation que suscite cette crise laissent peu de place à la réflexion sur l'identité des deux Israéliens tués le 14 juillet.

Or ces deux Israéliens étaient des Druzes, donc des Arabes dont la communauté est autorisée à titre exceptionnel à servir dans les forces de sécurité de l'État hébreu. Haiel Stawi et Kamel Shanan, âgés respectivement de trente et vingt-deux ans, étaient des gardes-frontières, un corps dont au moins un quart des effectifs est recruté dans la population druze. Ces corps sont fréquemment engagés face aux protestations des juifs orthodoxes, afin d'éviter à Israël les dissensions violentes entre juifs. Ils sont aussi très présents dans la vieille ville de Jérusalem, dont ils maîtrisent la topographie complexe et où ils peuvent communiquer en arabe avec la population palestinienne.

Benjamin Netanyahou, le Premier ministre israélien, tient à se rendre en Galilée auprès des familles des deux gardes-frontières, afin de leur présenter ses condoléances. À Hurfeish, le père de Kamel Shanan, Shakib, lui-même ancien député travailliste et grande figure syndicale, commente la visite du chef du gouvernement en ces termes : « *L'État d'Israël est réellement le meilleur endroit au monde pour la communauté druze.* » À Maghar, Netanyahou salue avec émotion la famille Stawi, sur fond de drapeaux mêlant l'étoile de David et les cinq couleurs druzes (vert, rouge, jaune, bleu et blanc).

« L'ÉTAT D'ISRAËL EST RÉELLEMENT LE MEILLEUR ENDROIT AU MONDE POUR LA COMMUNAUTÉ DRUZE. »

L'attentat du 14 juillet 2017 met ainsi en avant des Druzes d'un loyalisme inconditionnel envers Israël, au point de susciter de sérieuses tensions avec les autres Arabes d'Israël. Mais, dans le Liban voisin, les Druzes ont souvent été à la pointe de la résistance anti-israélienne. Là, comme en Syrie, ils sont profondément divisés entre partisans et adversaires du régime Assad. Et c'est un Druze qui détient actuellement le portefeuille des Affaires étrangères en Jordanie. Cette communauté d'à peine plus d'un million de personnes dans toute la région y pèse d'un poids sans comparaison avec sa réalité démographique. En étudier les développements et les contradictions permet de renouveler le regard sur les « minorités » du Moyen-Orient, où l'empathie pour les chrétiens et les Kurdes occulte trop souvent le sort des minoritaires de l'islam.

Une religion initiatique

L'origine du druzisme remonte au début du XIe siècle. Le calife Hakim régnait alors sur Le Caire, en arabe « La Victorieuse », la capitale fondée en 969 pour dominer, depuis l'Égypte, un empire s'étendant de l'Afrique du Nord jusqu'au Levant. La dynastie au pouvoir se dénommait « fatimide », du fait d'une parenté très discutable avec le prophète Mohammed par le truchement de sa fille Fatima. Elle professait l'ismaélisme, du nom d'Ismaël, le sixième descendant d'une lignée révérée d'imams, dont le premier était Ali, cousin de Mohammed et époux de Fatima. Cet ismaélisme était initialement animé d'une forte angoisse messianique, qui avait nourri les conquêtes fulgurantes des Fatimides en Tunisie, en Égypte et au-delà.

La dynastie s'était pourtant installée dans les fastes du Caire, repoussant le Jugement dernier à un horizon de nouveau inaccessible. Les irréductibles de la Fin des Temps, déçus par la routine et les pompes du califat, reprirent espoir avec la multiplication par Hakim d'interdits implacables : couvre-feu nocturne, liquidation de tous les chiens, interdiction aux femmes d'entrer dans les bains et les cimetières, prohibition de la musique, pour ne citer que les plus marquants. Aux yeux des fanatiques de Hakim, de telles foucades manifestaient un arbitraire inspiré, d'autant qu'elles s'accompagnaient de destructions d'églises et de mesures discriminatoires à l'encontre des juifs et des chrétiens.

Les diktats du calife Hakim furent appliqués avec une violence extrême, non sans parfois être annulés tout aussi brutalement. Une minorité d'exaltés ne douta dès lors plus de la divinité de Hakim et organisa son culte initiatique sous l'égide d'un dénommé Darazi. Telle est l'origine de la religion dite druze. En 1021, après la disparition de Hakim, dont le corps ne sera jamais retrouvé, les partisans du scandaleux calife furent pourchassés dans toute l'Égypte. Ils se réfugièrent progressivement, comme tant d'autres minoritaires avant eux, dans les montagnes du Levant, où se situent encore aujourd'hui les principaux foyers de population druze (Galilée israélienne, Djebel Druze syrien, Chouf libanais et Golan syrien, occupé par Israël depuis 1967).

Les Druzes retrouvèrent dans cette Syrie médiévale les communautés ismaéliennes qui, un siècle plus tôt, avaient été le berceau de la prédication fatimide et que les dissensions du califat eurent tôt fait de détourner du Caire. Un troisième groupe schismatique s'implanta aussi en Syrie sous le terme de Nosaïris, en référence à Ibn Nosaïr, dont la prédication reposait sur la divinité du dixième imam, Ali al-Askari. La vénération de cet Ali comme de son ancêtre et homonyme, cousin et gendre du Prophète, explique pourquoi les Nosaïris sont appelés Alaouites.

Chez les Druzes et les Alaouites, le fidèle grandit dans une communauté close et endogame, sans possibilité d'intégration par conversion d'un individu extérieur. Les arcanes de tels cultes initiatiques ne sont accessibles qu'à une élite au sein même des communautés druze et alaouite. Cette classe privilégiée de « sages » (*'uqâl*) encourage les signes extérieurs de piété musulmane, tout en conservant le secret sur le cœur du message sacré. Rétention mentale et discipline collective assurent ainsi la cohérence du groupe de génération en génération.

Les persécutions collectives ont bien plus contribué à la cohésion de la communauté que les articles de foi partagée. Il s'agit bel et bien pour les Ismaéliens, les Alaouites et les Druzes, d'une famille à chaque fois spécifique de l'islam, distincte bien évidemment du sunnisme, mais aussi du chiisme. Le chiisme prolonge en effet la lignée mystique des imams révérés par les Ismaéliens, les Alaouites et les Druzes jusqu'à un « douzième imam », occulté aux yeux du monde depuis plus d'un millénaire. La vénération de cet « imam caché » structure profondément le chiisme contemporain, qualifié de « duodécimain », en référence à ce douzième imam.

LES PERSÉCUTIONS COLLECTIVES ONT BIEN PLUS CONTRIBUÉ À LA COHÉSION DE LA COMMUNAUTÉ QUE LES ARTICLES DE FOI PARTAGÉE.

L'islam druze reconnaît le Coran comme livre sacré, mais il proscrit la polygamie, ne prescrit pas la circoncision et n'encourage pas au martyre. La stricte endogamie et l'absence de conversion correspondent à la vision malthusienne d'une communauté d'élus, au nombre stable au fil des siècles. La solidarité entre Druzes est érigée en valeur cardinale. Une étoile à cinq branches reprend souvent les cinq couleurs associées à l'Esprit (pour le vert), à l'Âme (pour le rouge), au Verbe (pour le jaune) et enfin aux Ailes droite et gauche (bleue et blanche) de la prédication.

Les voyageurs européens n'ont pas manqué de projeter leurs propres fantasmes sur la population druze. Ils ont contribué à diffuser la thèse d'une croyance druze en la transmigration des âmes, chaque élu se réincarnant dans un autre Druze après sa mort. Mais la palme de l'imagination la plus débridée revient à l'association des Druzes aux descendants du comte de Dreux, l'un des derniers Croisés à avoir combattu en Terre sainte avant de se fondre dans la population locale. Un auteur britannique reprend cette fable au XVIIe siècle, mais pour faire des Druzes les descendants de Croisés venus d'Angleterre !

Les protégés de Londres

Des généalogies aussi farfelues tendaient souvent à masquer de très concrets appétits de puissance. À la différence de la France « protectrice » des catholiques au Levant, le Royaume-Uni était bien en peine d'asseoir son influence régionale sur les communautés protestantes, ultra-minoritaires. D'où la quête d'un groupe à « protéger », dans le cadre de la rivalité multiforme entre Paris et Londres au sein de l'Empire ottoman. Le dévolu des consuls britanniques se jeta bientôt sur les Druzes qui, à la différence des Alaouites et des Ismaéliens, avaient pu constituer de véritables fiefs dans leurs territoires de montagne. C'est ainsi que l'émir Fakhreddine avait, au début du XVIIe siècle, consolidé l'autonomie du Mont-Liban sous son autorité. Il avait même accueilli un rebelle kurde d'Alep, Janbulad, qui, dans un cas rarissime de conversion à la religion druze, arabisa son patronyme en Joumblatt.

L'exécution de Fakhreddine à Istanbul, en 1635, donna un coup d'arrêt aux ambitions druzes. Mais deux siècles plus tard, les féodaux druzes avaient reconstitué leur puissance au Mont-Liban, cette fois avec le soutien des Ottomans et des Britanniques. La France poussait pour sa part le clergé et la noblesse maronites, au nom d'une « protection » que le Second Empire prétendait avoir héritée des Bourbons. Le conflit éclata en 1860 et tourna à la débâcle pour le camp chrétien, avec le massacre de milliers de paysans. Les autorités françaises en conçurent une durable hostilité à l'encontre des Druzes, soupçonnés de toutes les fourberies.

LE DJEBEL DRUZE, OU MONTAGNE DRUZE, MASSIF BASALTIQUE AU SUD-EST DE DAMAS, FUT AINSI CONSTITUÉ EN « ÉTAT DRUZE » PAR LES OFFICIERS FRANÇAIS DES AFFAIRES INDIGÈNES.

Ce sont pourtant les mêmes Français qui instituèrent, en 1922, un « État druze ». Paris avait reçu de la Société des Nations, au sortir du premier conflit mondial, un « mandat » sur la Syrie et le Liban. Autant ce dernier pays et sa population maronite furent l'objet de toutes les attentions de la France, autant la Syrie fut traitée comme un dangereux foyer nationaliste et charcutée en une demi-douzaine d'entités différentes. Le Djebel Druze, ou montagne druze, massif basaltique au sud-est de Damas, fut ainsi constitué en « État druze » par les officiers français des affaires indigènes.

Paris espérait ainsi retourner la carte druze contre le Royaume-Uni, fermement installé en Transjordanie, au sud de la Syrie. Un bien mauvais calcul, puisque c'est au cœur du Djebel Druze qu'éclata en 1925 un soulèvement nationaliste bientôt étendu au reste de la Syrie sous le nom de « Grande Révolte arabe ». La France accusa la Grande-Bretagne d'avoir attisé l'insurrection depuis l'autre côté de la frontière. Joseph Kessel, envoyé en reportage en Syrie pour *Le Journal*, décrivit les batailles entre Druzes et légionnaires : ils « *défendirent Rachaya contre un ennemi dix fois plus nombreux et, voyant les Druzes envahir la cour de la citadelle, crièrent : « Hardi la Légion » et d'eux-mêmes, sans attendre d'ordre, les rejetèrent à la baïonnette*[2] ».

Le soulèvement fut écrasé par un corps expéditionnaire supérieurement armé, étoffé par des unités dépêchées du Maroc tout juste pacifié. Sultan al-Atrache, le chef rebelle du Djebel Druze, dut fuir la Syrie où il ne put revenir qu'en 1937. Mais le leader druze y gagna un formidable prestige nationaliste qui a inspiré les artistes jusqu'à aujourd'hui[3]. On cite souvent sa devise laïque : « *La religion est pour Dieu et la nation pour tous.* » Il a ainsi rejoint dans le panthéon arabe un autre patriote exilé, Chakib Arslan, lui aussi druze, mais originaire du Liban.

Cet engagement anticolonialiste sortit les Druzes de leur particularisme communautaire et amena de nombreux jeunes militants à intégrer les partis les plus farouchement nationalistes, qui étaient aussi souvent les plus laïcs. Ce processus fut cependant compromis par les accords passés en 1948-1949 entre les milices sionistes, puis la jeune armée israélienne, avec des notables druzes de Galilée. La population druze échappa ainsi au déracinement et à l'exil, mais au prix d'une accusation de collaboration avec l'« ennemi sioniste », voire de trahison. Le territoire israélien retranchait désormais une partie des Druzes du reste de leurs coreligionnaires, attachés à donner des gages d'antisionisme à leurs compatriotes de Syrie, du Liban et de Jordanie.

Entre Israël et les Assad

Les Druzes d'Israël obtiennent en 1957 le droit d'effectuer leur service militaire, un « privilège » qu'ils partagent avec les Bédouins, mais dont les autres Arabes israéliens sont exclus. La même année, les Druzes sont également autorisés à organiser leurs propres juridictions d'état civil, en parallèle des tribunaux rabbiniques en place pour la population juive majoritaire. Le cheikh Amin Tarif, déjà à la tête de la hiérarchie religieuse druze sous le mandat britannique en Palestine, se voit conforté par cette autonomie de juridiction au sein de l'État d'Israël. Depuis son village natal de Julis, en Galilée, il devient le symbole du loyalisme druze envers Israël. Il contrôle aussi le principal site de pèlerinage druze, à Nabi Shuaib, littéralement le « prophète Shuaib », non loin de Tibériade. Shuaib, un des prophètes de l'islam, prêche en vain dans le Coran aux gens de Madian, bientôt punis pour s'être détournés de lui : « *Ils ont traité Shuaib de menteur. Le châtiment du Jour de l'Ombre les a saisis : ce fut le châtiment d'un jour terrible*[4]. » Shuaib occupe une place centrale dans la spiritualité druze et une tradition attribue la découverte de sa tombe à Saladin lui-même, à la veille de sa victoire de 1187 face aux Croisés.

Les compromissions des notables druzes avec Israël n'entravent pas, bien au contraire, l'implication de personnalités druzes au Liban et en Syrie dans des formations nationalistes très marquées à gauche. Kamal Joumblatt, fermement enraciné dans son fief familial du Chouf, épouse la fille du militant panarabe Chakib Arslan[5] et fonde en 1949 le Parti socialiste progressiste (PSP). Il pousse son engagement laïc jusqu'à prôner l'abolition du système libanais de répartition confessionnelle des charges en fonction des communautés. En 1958, il mène un soulèvement armé de solidarité avec l'Égypte de Nasser, que seule l'intervention des États-Unis au Liban parvient à neutraliser.

En Syrie, des officiers druzes s'identifient à l'idéologie du parti Baas et à son « socialisme arabe ». C'est l'un des leurs, le capitaine Selim Hatoum, qui s'empare en mars 1963 du siège de la radio lors de la prise du pouvoir par le Baas à Damas. Le même Hatoum fait cependant les frais, en septembre 1966, des luttes de pouvoir qui déchirent le Baas syrien. Comme Sultan al-Atrache quarante ans plus tôt, Hatoum est contraint de s'exiler en Jordanie. Il négocie pourtant son amnistie dès l'année suivante pour venir combattre Israël durant la guerre des Six-Jours en juin 1967.

Le conflit tourne au désastre pour la Syrie dont le plateau du Golan tombe aux mains d'Israël. Hafez al-Assad, ministre de la Défense, désigne Hatoum comme bouc émissaire de la débâcle et le fait fusiller pour « *intelligence avec l'ennemi* ». Une centaine de milliers d'habitants du Golan fuient les hostilités ou sont expulsés par Israël après l'occupation. Seuls sept mille Syriens, essentiellement druzes, s'accrochent sur le Golan, autour de la localité de Majdal Shams. Assad, au pouvoir sans partage en Syrie à partir de novembre 1970, s'efforce en vain de reconquérir le plateau en octobre 1973. Il conclut alors un accord de cessez-le-feu avec Israël qui consacre l'occupation du Golan.

Les purges anti-druzes, menées dans la foulée de l'exécution de Hatoum sur fond d'abandon du Golan à Israël, nourrissent un profond ressentiment à l'encontre d'Assad et de son régime. Ce ressentiment s'aggrave avec l'intervention de l'armée syrienne au Liban en juin 1976. Assad s'emploie en effet à écraser l'alliance nouée entre Kamal Joumblatt et la gauche libanaise, d'une part, et l'Organisation de libération de la Palestine (OLP) de Yasser Arafat, d'autre part. Une fois consolidée l'occupation syrienne d'une partie du Liban, Assad fait assassiner, en mars 1977, le trop indépendant Joumblatt. Son fils Walid, qui lui succède à la tête du PSP, choisit de prêter allégeance à Damas afin de ne pas subir le même sort[6].

L'annexion du Golan par Israël, en décembre 1981, condamnée par la communauté internationale pour une fois unanime[7], est suivie du refus de la nationalité israélienne par l'écrasante majorité de la population druze de ce territoire occupé. Cette campagne de désobéissance civile jette le trouble au sein des Druzes israéliens, malgré les proclamations de loyauté sans faille du cheikh Tarif. L'invasion israélienne du Liban, en juin 1982, entraîne l'occupation durant un peu plus d'un an du bastion druze du Chouf. Toutes ces recompositions favorisent la relance de réseaux transfrontaliers de solidarité druze.

Lors du retrait israélien du Chouf, en septembre 1983, des militaires druzes prennent congé de l'armée israélienne pour se battre aux côtés de leurs coreligionnaires libanais, contribuant à la victoire du PSP et de Walid Joumblatt. Ce même leader vient peu après haranguer par haut-parleur, depuis le territoire syrien, les Druzes du Golan occupé[8]. De telles démonstrations de force amènent les personnalités druzes à être désormais courtisées dans les capitales arabes, mais aussi à Washington, Paris et Moscou. Choisir le camp Assad ou Israël n'est plus une fin en soi, mais le moyen de promouvoir les intérêts druzes en jouant des uns contre les autres.

CHOISIR LE CAMP ASSAD OU ISRAËL N'EST PLUS UNE FIN EN SOI, MAIS LE MOYEN DE PROMOUVOIR LES INTÉRÊTS DRUZES EN JOUANT DES UNS CONTRE LES AUTRES.

La nouvelle génération

Plus de trente ans après le grand tournant de 1981-1983, les élites druzes demeurent très marquées par la transmission au sein d'une même famille des responsabilités politiques (les Joumblatt et le PSP libanais) et religieuses (les cheikhs Tarif en Israël). Deux processus ont cependant accompagné l'émergence d'une nouvelle donne : d'abord, le retournement de Joumblatt contre Bachar al-Assad, qui accélère en 2005 le retrait de l'armée syrienne hors du Liban ; ensuite, l'accession de politiciens druzes à des ministères israéliens de plein exercice, avec, en 2007, les Sciences pour le travailliste Ghaleb Majadleh, puis, dix ans plus tard, les Communications pour Ayoub Kara, un fidèle de Netanyahou.

C'est le sort des Druzes de Syrie dans un pays ravagé par la guerre qui mobilise prioritairement leurs coreligionnaires des pays voisins. Ils ont beau ne représenter qu'environ 2 % de la population syrienne, ils constituent en effet un bon tiers de la population druze totale[9]. Les virulentes diatribes de Walid Joumblatt à l'encontre de Bachar al-Assad ne reflètent pas l'extrême prudence d'une communauté druze dont seule une minorité d'activistes s'est engagée à partir de 2011 dans les rangs révolutionnaires. Les personnalités druzes cherchent à préserver une neutralité ostensible malgré les pressions du régime Assad en faveur d'un alignement public.

Les hommes druzes en âge de combattre s'efforcent d'échapper à la conscription dans l'armée gouvernementale. Il leur est plus difficile d'endiguer l'implantation de groupes loyalistes, tels les « Boucliers de la Patrie », inspirés par les renseignements syriens. Un religieux charismatique, Wahid al-Balaous, lance en réaction en 2014 les « Cheikhs de la Dignité », une milice vouée à défendre le Djebel Druze contre les infiltrations des partisans d'Assad comme de leurs adversaires. Le pays druze y gagne une relative stabilité dans un environnement à si hauts risques.

Ce délicat équilibre est menacé lorsque le Front al-Nosra[10], affilié à Al-Qaïda, massacre en juin 2015 une vingtaine de villageois druzes au nord-ouest de la Syrie. Même si cette tuerie a probablement pour origine des différends fonciers, la milice djihadiste l'a justifiée par le refus des victimes druzes de se « convertir » à l'orthodoxie sunnite. La communauté druze, sous le choc, fait bloc face au cauchemar d'une campagne djihadiste à son encontre. L'assassinat, deux mois plus tard, du cheikh Balaous est imputé par ses partisans au régime Assad, sanctionnant l'impasse d'une « troisième voie » druze sur une scène syrienne de plus en plus polarisée.

Une autre angoisse existentielle émane pour les Druzes de l'expansionnisme chiite en Syrie, à la fois militaire et démographique. Le régime Assad, de plus en plus dépendant de Téhéran, multiplie les facilités accordées aux milices pro-iraniennes, venues du Liban (Hezbollah), d'Irak (« Mobilisation populaire »), et même du Pakistan et de l'Afghanistan (« Fatimides »). Les zones et les quartiers historiquement peuplés de Druzes sont ainsi l'objet de « grignotages » méthodiques de la part de ces nouveaux venus chiites, lourdement armés.

Les Druzes savent trop bien que leur forme très particulière d'islam ne trouve pas plus grâce aux yeux des militants chiites que des miliciens djihadistes. Confrontés à ce double péril, certains d'entre eux en viennent à approuver, voire à soutenir, le projet israélien d'une forme de « zone de sécurité » en contrebas du Golan. Ce glacis contrôlé par des groupes liés à Israël permettrait en effet d'en exclure à la fois les djihadistes et les pro-iraniens. De manière générale, la dénonciation par le gouvernement Netanyahou aussi bien de la montée en puissance de l'Iran que du risque djihadiste entre en phase avec les profondes inquiétudes druzes pour l'avenir.

Rien n'est pourtant jamais uniforme ni univoque dans le monde druze. Après l'attentat de Jérusalem lors duquel deux gardes-frontières druzes ont été tués en juillet 2017, c'est un autre Druze, Ayman Safadi, ministre jordanien des Affaires étrangères, qui mène campagne pour le retour au *statu quo* sur l'esplanade des Mosquées. Il obtient gain de cause avec le démantèlement des dispositifs de sécurité imposés par Netanyahou après l'attentat sur le troisième lieu saint de l'islam. La diplomatie jordanienne a certes été puissamment soutenue dans cette campagne par la mobilisation des fidèles palestiniens à Jérusalem même. Mais c'est au ministre Safadi que revient une bonne partie du crédit de cette reculade israélienne sans équivalent récent.

Malgré les défis tragiques auxquels la communauté druze est confrontée au Moyen-Orient, on n'aura peut-être jamais autant parlé d'elle que lors… du mariage de George Clooney en septembre 2014. L'épouse de la star américaine, l'avocate britannique Amal Alamuddin, est en effet d'origine druze et libanaise. Un tabloïd ayant osé affirmer avant les noces que la mère d'Amal s'opposait à cette union au nom de la pureté de la religion druze, Clooney prit la peine de réfuter par écrit de telles allégations : non seulement sa future belle-mère se réjouissait de cette union, mais il précisait qu'elle n'était pas druze (à la différence du père de la mariée). Walid Joumblatt, qui a lui-même convolé en dehors de sa propre communauté, n'a d'ailleurs pas manqué de saluer les noces d'Amal et de George.

Une fois évoquée cette anecdote très *people*, force est de constater que le sort des Druzes du Moyen-Orient suscite bien peu d'intérêt en dehors des cercles druzes proprement dits. On ne peut que le regretter, s'agissant d'une communauté qui a tant contribué, depuis un millénaire, à la diversité et au pluralisme dans la région. Ce désintérêt est en revanche très révélateur de la difficulté à aborder la question des minorités au Moyen-Orient quand les groupes concernés sont arabes sans être chrétiens. Comme si les minoritaires de l'islam tombaient dans une sorte d'angle mort, trop « exotiques » pour susciter l'empathie, *a fortiori* la solidarité.

1. Les assaillants sont trois frères originaires de Galilée et de nationalité israélienne. Aucune formation palestinienne n'a revendiqué l'attentat.
2. J. Kessel, *En Syrie*, Folio, Paris, 2014, p. 41.
3. Voir, entre autres, la chanson traditionnelle « Sultan », interprétée par la luthiste Waed Bouhassoun sur son disque *La Voix de la passion* (Buda Musique, 2016) : « Si nous ne regagnons pas nos droits perdus, nous ne serons plus dignes de vivre ici. »
4. Coran, sourate XXVI, dite « Les Poètes », verset 189.
5. Walid Joumblatt, fils de Kamal et petit-fils de Chakib Arslan, préside au début de 2017 à l'ouverture dans son fief libanais d'une mosquée au nom de son grand-père.
6. Lors de sa première entrevue avec Hafez al-Assad, Walid Joumblatt est accueilli par un glaçant « Comme tu ressembles à ton père ! » qu'il interprète comme un avertissement.
7. Le Conseil de sécurité de l'ONU déclare l'annexion du Golan « nulle et non avenue » par la résolution 497 adoptée à l'unanimité de ses membres, le 17 décembre 1981.
8. On estime le nombre de participants à cette manifestation de protestation contre l'occupation israélienne, le 23 septembre 1983, à vingt mille sur le Golan pour un nombre équivalent du côté syrien de la ligne de cessez-le-feu.
9. Le géographe Cyril Roussel estime le nombre de Druzes en Syrie de trois cent cinquante à quatre cent mille (*Les Druzes de Syrie*, Presses de l'IFPO, Beyrouth, 2011).
10. Le Front al-Nosra a depuis changé son nom en Hayat Tahrir Cham (HTC), tout en restant lié à Al-Qaïda, malgré ce qu'il proclame.

SE RÉAPPROPRIER SPINOZA

Usages et mésusages d'un philosophe à la mode

PAR **MATTHIEU RENAULT** ET **GUILLAUME SIBERTIN-BLANC**

À côté des lectures conservatrices et des interprétations libérales des écrits de Spinoza, on peut dessiner les contours d'un « spinozisme de gauche ». Et celui-ci ne date pas d'hier : si Marx s'est vite détourné du philosophe amsterdamois, les penseurs des IIe et IIIe Internationales ont décelé en lui les atours d'un authentique matérialiste. Par la suite, les intellectuels marxistes n'ont eu de cesse de réactiver ce détour de Marx par Spinoza, construisant non pas une pensée homogène, mais des lectures protéiformes. Ainsi de Louis Althusser qui contribue à renouveler la pensée marxiste en s'appuyant sur la théorie spinoziste de la connaissance ; d'Antonio Negri qui pense un « sujet révolutionnaire » avec le concept de multitude ; de Frédéric Lordon qui éclaire les luttes sociales actuelles à partir de la structure des affects. Aujourd'hui, c'est sur une part grandissante des sciences sociales que s'étend l'ombre de Spinoza.

Un dossier consacré par un magazine culturel à Spinoza s'attachait récemment à élucider « *[l]es raisons d'un grand come-back* » et énumérait la multiplicité des programmes théoriques et critiques auxquels, de part et d'autre de l'Atlantique, ce philosophe hollandais du XVIIe siècle se voyait aujourd'hui mêlé : « *spino-rhizomes* », « *écolo-spinozistes* », « *socio-spinozistes* », « *spino-féministes* »[1]… la liste n'est pas close et l'on aurait pu, déambulant dans une librairie, y ajouter le Spinoza héros de la passionnante fresque historico-philosophique de Maxime Rovere (au rayon docufictions), le Spinoza à l'usage de « votre développement personnel » par l'auteur de best-sellers Frédéric Lenoir (au rayon spiritualités/bouddhisme), sans oublier (tout près de la caisse) le Spinoza « en marche » contre les passions tristes des grévistes et autres mécontents enrôlé par Emmanuel Macron dans son livre-programme *Révolution*.

Spinoza notre contemporain : la cause est entendue et manifestement en des sens bien différents. Sa philosophie avait jadis polarisé de grandes querelles philosophico-politiques.

Était-il un matérialiste radical héritant de Démocrite ou un précurseur de l'idéalisme absolu de Hegel ? Le héraut des Lumières françaises ou, déjà, le fossoyeur de la philosophie classique allemande ? Un panthéiste ou un athéiste ? Un fils de l'humanisme renaissant ou l'aïeul de l'antihumanisme marxiste ? Un ambassadeur de la modernité européenne triomphante ou un vestige des origines orientales de la philosophie dont la « *vraie patrie* » se situait, *dixit* Schopenhauer, sur les « *bords sacrés du Gange* »[2] ?

Le nom de Spinoza paraît aujourd'hui disséminé en une myriade de directions hétérogènes ; sa pensée est revendiquée par une multitude de voix. Polyphonie ou capharnaüm, ce qui est sûr, c'est que le spinozisme contemporain est irréductible à une « contradiction principale ». Il ne saurait définir une position identifiée sur un champ de bataille ; il y a des spinozistes dans tous les camps ou presque et l'on ne sait jamais vraiment s'ils sont sur le point de s'étriper ou de concocter de secrètes alliances. Preuve par excellence, Spinoza, nous dit Yves Citton, « *peut plaire à la fois à la veine néolibérale et à ses plus farouches adversaires*[3] ». Tout cela a poussé Slavoj Žižek à demander, non sans ironie : « *Est-il possible de ne pas aimer Spinoza*[4] ? » Mais la raison de ce succès n'est-elle pas que ce dernier, alors même qu'il pensait bâtir une philosophie excluant tout conflit d'interprétation, nous a légué, plutôt qu'un système fermé d'idées, une véritable « *machine à penser et à faire penser* » et, en forgeant une « *philosophie à la première personne, en acte* »[5], a par là même autorisé une prolifération de formes de réactualisation ? Quoi qu'il en soit, la « mode Spinoza » – au sens littéral, commercial du terme, car Spinoza vend très bien, en particulier à Noël, c'est un fait ! – n'est visiblement pas près de s'éteindre et plus elle s'étend, plus elle déverse sur la place publique un ensemble d'images et de slogans au risque, dont elle se moque du reste, de décontenancer les philosophes de métier, voire d'horrifier les plus puristes d'entre eux.

« SPINOZA PEUT PLAIRE À LA FOIS À LA VEINE NÉOLIBÉRALE ET À SES PLUS FAROUCHES ADVERSAIRES. »

Mais abandonnons cette position de surplomb, incapable de nous livrer les raisons poussant certains à revêtir la perruque de Spinoza plutôt qu'une autre, et décidons-nous à arpenter le terrain du néospinozisme. Ne sachant par où commencer, dirigeons-nous vers la Sorbonne où se réunissent d'éminents spécialistes de notre philosophe. À la sortie, prenons l'un d'entre eux en filature. Nous ne tardons pas à découvrir qu'il se rend à la réunion d'une organisation, ou est-ce une conspiration ?, rassemblant des intellectuels militants de plusieurs générations, en grande majorité de sexe masculin, et se réclamant à divers titres d'une gauche radicale aux frontières poreuses. Épions-les et nous apprenons bientôt que ce collectif hétéroclite s'apprête à fêter son cinquantième anniversaire. Date de naissance : *circa* 1968 ; lieu de naissance : Paris. Poussons nos investigations plus loin et fouillons leur petit local : dans un tiroir, des billets de train délavés nous mettent sur la piste d'échanges soutenus entre la France et l'Italie ; dans un coin de la pièce, une bibliothèque truffée d'ouvrages savants sur l'*Éthique* signés par des universitaires, en apparence au dessus de tout soupçon, mais dont certains semblent avoir été des compagnons de route de nos amis ; dans des cartons, une correspondance laissant penser que le groupe a eu des satellites en Amérique latine et ailleurs. Nos énergumènes n'ont-ils pas essayé de former une Internationale spinoziste aux obscurs desseins ? Décidément, cela est intrigant et il est urgent d'enquêter sur l'histoire de cette cellule si l'on veut déjouer ses plans de subversion ; d'autant plus que parmi ses sectateurs, les « anciens » ont pour beaucoup été des communistes notoires et que sur eux, mais aussi sur les plus jeunes, continue de planer le spectre de Marx.

Reconstitution fantaisiste, le lecteur l'aura compris. Il n'y a jamais eu d'organisation révolutionnaire spinoziste ; les membres de ce groupe imaginaire n'ont pas organisé de réunions secrètes ni préparé de banderoles à l'effigie de Spinoza ni rédigé de tracts convertissant ses bons mots philosophiques en mots d'ordre politiques. À dire vrai, il n'aurait pas été aisé de faire un emblème révolutionnaire du sceau qu'utilisait le philosophe et sur lequel était inscrit le terme latin *caute* : « prudence ». Ajoutez à cela que les suspects, dont nous livrerons bientôt les noms, ont élaboré leurs versions respectives du spinozisme politique dans la solitude de leurs bureaux et, dans le cas de l'un d'entre eux, d'une cellule de prison, et ont avant tout dialogué par écrits interposés ou à l'occasion de rencontres universitaires. Quoiqu'ayant tissé des liens ténus les uns avec les autres, ils refuseraient l'idée d'être assimilés à une tendance unifiée. Si nous désirons malgré tout, et peut-être malgré eux, montrer que quelque chose comme un « spinozisme de gauche » existe, il nous faut, retrouvant notre esprit de sérieux universitaire, en retracer la généalogie en repartant du plus petit dénominateur commun à ses représentants, à savoir une problématisation des rapports entre Marx *et* Spinoza, qui remonte bien en deçà du spinozisme contemporain.

Du Parti aux amphis

Il n'y aura pas eu à attendre les désillusions du « socialisme réellement existant » pour que les intellectuels marxistes se tournent vers Spinoza, le plus souvent en vue de régler leurs conflits internes. Marx en aurait sans doute été le premier étonné, lui qui, certes, dans ses écrits de jeunesse, avait mobilisé le *Traité théologico-politique* afin de dénoncer la transcendance encore toute divine de l'État hégélien, mais qui, dès 1846 dans *L'Idéologie allemande*, avait relégué la pensée spinoziste en quelques remarques lapidaires au rang des abstractions métaphysiques incompatibles avec l'analyse scientifique des rapports sociaux. Ce contournement tranchait avec la réhabilitation dont le philosophe amsterdamois avait fait l'objet chez de jeunes hégéliens (« de gauche ») tels que Moses Hess et surtout Ludwig Feuerbach qui avait découvert chez lui un matérialisme naturaliste permettant de congédier l'idéalisme de Hegel et son « *Esprit du monde* » au profit d'une anthropologie centrée sur les puissances de l'« *homme concret* ».

Si des concepts spinozistes empruntés à l'*Éthique* ont continué d'informer de manière plus spectrale la pensée de Marx, une fois abandonné le terrain de la bataille philosophique et investi celui de la critique de l'économie politique[6], reste que l'affiliation de Spinoza à Marx est une invention en partie posthume, intimement liée à la codification de l'œuvre du second en doctrine. Le grand artisan en fut Engels. Dès l'*Anti-Dühring*, bréviaire du marxisme de toute une génération d'intellectuels et de militants, Engels extrayait de l'*Éthique* le cadre matérialiste permettant de « *remettre sur les pieds* » (matérialisme) la dialectique qui, chez Hegel, « *marchait sur la tête* » (idéalisme). Définir, comme l'avait fait Spinoza, l'étendue et la pensée comme des attributs, parmi une infinité d'autres, d'une seule et unique substance, que l'on l'appelle Dieu ou Nature, et en déduire l'identité « *d'ordre et de connexion* » entre les choses et les idées, le *parallélisme* entre l'âme et le corps, revenait à exclure tout dualisme entre la sphère de la volonté humaine et le règne des lois naturelles au profit de la possibilité, contenue dans le concept spinozien de « *cause adéquate* », d'une libre appropriation des déterminismes qui nous font agir.

La grammaire ainsi fixée fut réactivée, dans des contextes toujours polémiques, tout au long de l'histoire des IIe et IIIe Internationales. Gueorgui Plekhanov la mobilisa quelques années plus tard dans sa lutte contre le « *révisionniste Bernstein* ». Au lendemain de la révolution russe, Abraham Deborine et les « dialecticiens », aux yeux desquels Spinoza était un authentique matérialiste forcé de se parer d'habits théologiques – un « *Marx sans barbe* » alla jusqu'à dire l'un d'entre eux –, livrèrent bataille contre les « mécaniciens » qui niaient l'identité de la substance et de la matière chez Spinoza[7]. Que cet éminent philosophe que se croyait être Staline ait scellé le débat en renvoyant dos à dos ses protagonistes et en imposant sa propre version du matérialisme dialectique (*diamat*) n'empêcha pas les philosophes soviétiques plus tardifs de s'écharper à nouveau à propos de Spinoza, ce dernier trouvant en Evald Ilyenkov un ardent avocat.

Pendant ce temps-là en France… l'hégémonie conquise par l'hégéliano-marxisme, sur fond d'une anthropologie philosophique ayant trouvé dans le concept d'aliénation sa grande cause théorico-politique, laissait peu de place à un réinvestissement de la pensée de Spinoza. Dans ses célèbres cours des années 1930 sur Hegel, Alexandre Kojève avait mis les points sur les i : prétendant se situer du point de vue de l'éternité, le « *système de Spinoza est l'incarnation de l'absurde. […] Prendre Spinoza au sérieux, c'est effectivement être – ou devenir – fou*[8] ». En termes politiques, il n'y avait que dans

« PRENDRE SPINOZA AU SÉRIEUX, C'EST EFFECTIVEMENT ÊTRE – OU DEVENIR – FOU. »

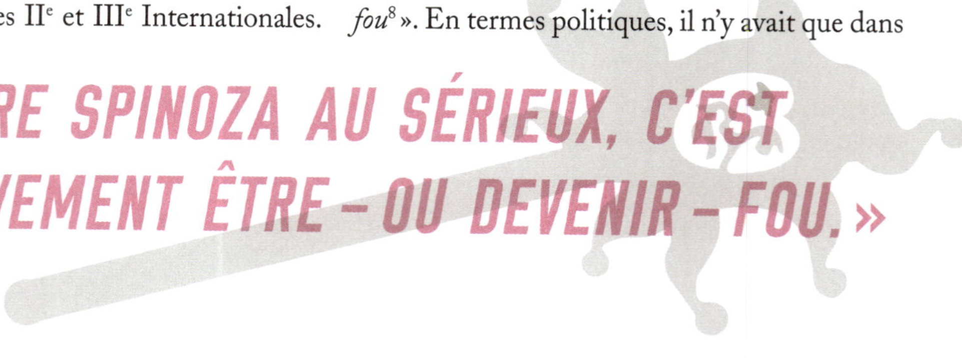

le cadre d'une historiographie marxiste, teintée d'évolutionnisme, que Spinoza pouvait encore trouver place, sinon grâce. En 1956, alors qu'était divulgué le rapport Khrouchtchev et réprimée l'insurrection de Budapest, Jean-Toussaint Desanti publia aux éditions de *La Nouvelle Critique*, revue du Parti communiste, une *Introduction à l'histoire de la philosophie*[9] tout entière centrée sur la philosophie de Spinoza et l'émergence du capitalisme mercantiliste et colonial dans la Hollande du XVIIe siècle avec, comme ressort dramatique, la lutte éternelle de l'idéalisme et du matérialisme. En dépit de son orthodoxie, le livre avait le mérite de ne jamais sacrifier les contradictions internes aux savoirs de l'âge classique sur l'autel du déterminisme sociologique ; son inachèvement en fut peut-être le prix à payer.

C'est sur cette voie qu'un étudiant « *encore très stalinien* » à l'époque, Alexandre Matheron, songeait initialement à s'engager[10]. Il s'en détourna pour contribuer à un inattendu renouveau des études spinozistes dans le champ universitaire français. Préparé par les travaux de Sylvain Zac, il germa au long des années 1960 avant d'apparaître au grand jour avec la publication coup sur coup de *Spinoza* (1968) de Martial Gueroult, *Spinoza et le problème de l'expression* (1968) et son « complément » *Spinoza. Philosophie pratique* (1970) de Gilles Deleuze, et *Individu et communauté chez Spinoza* (1969) de Matheron, « bible » de nombreux spinozistes de gauche des générations ultérieures. Dès lors, entre ce « spinozisme académique » et le « spinozisme politique » en gestation, nulle frontière imperméable, mais un terrain commun où le travail des uns concernerait nécessairement les autres. Comme le confie Pierre-François Moreau, « *en reconstruisant l'*Éthique *de Spinoza dans la systématicité de sa structure conceptuelle, Gueroult et Matheron nous paraissaient intégrer les études spinozistes dans l'épistémologie historique de Bachelard, Koyré, Canguilhem, dont Althusser se réclamait au même moment pour refonder le matérialisme historique comme science rigoureuse*[11] ». Or le même Althusser, naviguant entre le PCF et les bancs de l'École normale supérieure, en avait appelé, avant même ce renouveau, à (re)prendre Spinoza au sérieux.

Détour sans retour : sortir de la crise (du marxisme)

« *[N]ous n'avons pas été des structuralistes [...] nous avons été spinozistes*[12]. » Il n'est pas difficile, *a posteriori*, de comprendre ce qui pouvait séduire Althusser chez Spinoza. Refusant à l'individu l'autonomie d'un sujet souverain et replaçant la conscience dans un réseau infini de déterminations causales, la philosophie de Spinoza était une arme tout indiquée dans le combat mené par Althusser contre l'humanisme socialiste incarné au sein du PCF par la ligne dominante de Roger Garaudy, censée satisfaire à la tâche de critique du marxisme d'État et de liquidation du passif stalinien. Érigeant en 1965 le spinozisme en « *plus grande révolution philosophique de tous les temps*[13] », formant deux ans plus tard à l'ENS un mystérieux « groupe Spinoza » semi-clandestin, Althusser se soucia toutefois moins de reconstruire le système spinozien que de réexaminer à la lumière de certaines de ses thèses un ensemble de problèmes stratégiques, indissociablement théoriques et politiques comme toujours chez l'auteur de *Pour Marx*. Il fallut attendre les *Éléments d'autocritique* (1974) pour qu'il donne à ces saillies spinozistes une signification d'ensemble, héritant de la vieille syntaxe engelsienne tout en la transformant : il ne s'agissait plus de produire une grande synthèse « Spinoza + Hegel = Marx » en vue de donner à l'édifice théorique du marxisme une unité dont dépendait, avait-on cru, celle du mouvement ouvrier organisé lui-même mais au contraire, de défaire l'unité doctrinale qui avait permis à une philosophie intangible d'être érigée en caution idéologique d'une ligne politique prétendument incontestable.

Althusser avait opéré un « *détour par Spinoza pour voir un peu plus clair dans le détour de Marx par Hegel*[14] ». Ce détour devait révéler et acter l'efficacité diviseuse, « schismatique », du spinozisme, sa puissance de « *coupure permanente* » scindant la pensée marxienne-marxiste elle-même en positions antagoniques irréconciliables. Plutôt que l'unité de la « *substance* » spinozienne, invoquée par Engels et ses épigones, c'est l'irréductible hétérogénéité des « *attributs* » qu'Althusser revendiqua de manière à mettre en avant un type de processus dont la complexité (les « *structures* ») invalidait par avance toute aspiration à en saisir le principe simple : une origine ou une fin déterminées, une contradiction unique, un sujet prédestiné à le mener à son terme. L'idée qu'un discours philosophique ou scientifique puisse garantir une maîtrise intégrale du cours des événements, révolutionnaires

ALTHUSSER AVAIT OPÉRÉ UN « *DÉTOUR PAR SPINOZA POUR VOIR UN PEU PLUS CLAIR DANS LE DÉTOUR DE MARX PAR HEGEL.* »

notamment, n'était rien d'autre qu'une fiction, d'autant plus dangereuse que cette garantie était transférée à une instance de pouvoir, parti et/ou État. La coupure spinoziste était par ailleurs inséparable d'une nouvelle « *pratique théorique* » qu'Althusser envisagea à partir non plus du parallélisme entre choses et idées, mais de la distinction spinozienne entre « *genres de connaissance* », ou *modes de production des idées*. Dans le premier genre de connaissance (par les effets : l'imagination), il décelait la préfiguration d'une théorie matérialiste de l'idéologie ; il pouvait alors identifier la dynamique émancipatrice du deuxième genre de connaissance (par les causes : la raison) dissipant l'illusion du « *sujet-supposé-savoir* ». À mille lieues d'un prétendu scientisme althussérien, le spinozisme d'Althusser faisait valoir la force désubjectivante d'une pratique de savoir opposée à la fois au positivisme (conformité du savoir aux faits) et au technocratisme (autorité des compétents, savoir des experts).

Le détour d'Althusser ne fut pas une odyssée solitaire. Y contribua de manière décisive l'un de ses jeunes collaborateurs, Pierre Macherey qui, au seuil des années 1960, avait réalisé sous la direction de Canguilhem un mémoire sur « Philosophie et politique chez Spinoza », à une époque où, en France, confie-t-il, « *la littérature sur le sujet était inexistante :*

on découvrait des terres inconnues; Spinoza politique, ça n'existait pas, sinon en Union soviétique[15] ». En 1979, Macherey publia un ouvrage clé: *Hegel ou Spinoza*. Récusant les synthèses hégéliano-marxistes, Althusser avait refusé la place de parent pauvre qu'elles réservaient à un Spinoza ignorant encore la contradiction dialectique, la force de la négation, la conflictualité dans l'histoire. Le geste de Macherey, qui dit aujourd'hui encore retenir d'Althusser une «*formidable incitation à travailler*[16] », fut de découvrir dans ce prétendu «manque» une authentique *résistance anticipée* que la pensée de Spinoza, dans son refus de tout finalisme, aurait opposée, par avance, à la dialectique hégélienne. La cause, déjà avancée d'une autre manière par Deleuze, avec sa «*grande identité Nietzsche-Spinoza*» *versus* Hegel, était dans l'air du temps: quatre ans plus tard, l'écrivain Jean-Bernard Pouy la résuma en termes moins élégants mais tout aussi efficaces, en intitulant un roman *Spinoza encule Hegel*.

Bien qu'ayant indiqué plus tard que le «*ou*» de *Hegel ou Spinoza* devait être entendu non seulement comme exclusion réciproque, mais aussi, et simultanément, au sens du *sive* latin, comme équivalence (à l'instar du *Deus sive Natura* de Spinoza), Macherey n'en indiquait pas moins que le détour par Spinoza avait cessé d'avoir comme finalité le retour au bon port marxiste-léniniste; il constituait un véritable tournant irréductible à la problématique de la constitution d'une «philosophie marxiste» introuvable chez Marx. Macherey allait poursuivre par d'autres voies son exploration de la puissance de provocation permanente de la pensée de Spinoza à l'égard de toute codification de l'histoire des idées (*Avec Spinoza*, 1992) avant de produire une monumentale *Introduction à l'*Éthique *de Spinoza* en cinq volumes. En s'autonomisant, la référence à Spinoza s'émancipait des enjeux immédiats auxquels plusieurs générations d'intellectuels marxistes avaient mêlé le philosophe hollandais. Au seuil des années d'hiver, le spinozisme de gauche avait quitté l'antichambre du PCF mais, avant de se réfugier dans l'enceinte des universités, il devait encore s'écrire sur une autre scène, entre les murs d'une prison italienne.

Spinoza oltre Marx: puissance de la multitude... ou crainte des masses

À la fin des années 1970, déambulant dans les couloirs de l'ENS, on aurait pu croiser un philosophe italien d'une quarantaine d'années qui n'en était pas à son premier séjour en France et y trouverait refuge au début de la décennie suivante. Antonio Negri, figure de proue de l'opéraïsme et de l'Autonomie italienne, avançait riche d'une expérience au sein des organisations révolutionnaires dont beaucoup de ses aînés auraient aimé pouvoir se targuer. Il assurait alors, à l'invitation d'Althusser, un cours sur les *Grundrisse* de Marx qui donna lieu à la publication en 1979 de *Marx oltre Marx* (*Marx au-delà de Marx*), souvent considéré comme le manifeste philosophique de l'Autonomie. Mais 1979 est aussi l'année où Negri fut incarcéré en raison d'une participation présumée à l'assassinat du député Aldo Moro. Des milliers de militants suspectés d'appartenir aux Brigades rouges peuplèrent les prisons italiennes. «*L'Autonomie avait été défaite*» se remémore-t-il: il fallait « *découvrir la nécessité de ce que l'on était en train de vivre* », « *retrouver quelque chose de solide alors que tout était en train de s'effondrer* ». Selon Negri, chez qui les problèmes politiques semblent être immédiatement convertibles en problèmes métaphysiques et inversement, cette quête d'un sol ferme n'engageait rien de moins qu'une « *reconstruction du marxisme sur des bases ontologiques* », « *au-delà de la critique de l'économie politique* », au-delà de Marx encore ; non plus cependant à partir de Marx lui-même, mais d'un philosophe dont la pensée était apte à révéler les « *formes d'être qui sous-tendaient notre action* » : Spinoza[17].

Écrit en prison, *L'Anomalie sauvage. Puissance et pouvoir chez Spinoza* parut en italien en 1981. Se nourrissant des travaux des néo-spinozistes français – Matheron, ce « Maître universitaire », et plus encore Deleuze – sans ignorer la tradition du spinozisme italien, la perspective de Negri n'en restait pas moins fermement ancrée dans un matérialisme historique dont il avait engagé la refondation dès 1970 dans un ouvrage séminal (non traduit à ce jour en français) : *Descartes politique*[18]. Au centre du complexe narrativo-théorique mis en place par Negri, la thèse que la philosophie de Spinoza aurait connu deux « fondations » successives, dont la césure serait manifestée par l'interruption brutale de l'écriture de l'*Éthique* au profit de celle du *Traité théologico-politique*. Découvrant l'imagination comme pouvoir de production du réel plutôt que comme son reflet dégradé, cet essai ouvrait la voie à un renversement du rapport entre la substance (une) et les « modes » (multiples), c'est-à-dire les êtres-individus singuliers, désormais « hégémoniques » dans le système spinozien. S'orientant vers un immanentisme toujours plus radical, une pure philosophie de l'affirmation, Spinoza rompait avec toute pensée de la médiation et du pouvoir (*potestas*) au profit d'une pensée, sauvage, de la constitution et de la puissance (*potentia*), ou de ce que l'on pourrait appeler une « métaphysique par en bas ». Là où le « *premier Spinoza* » était un « *promoteur de l'ordre du capitalisme* », le second participait déjà à la « *fondation du matérialisme révolutionnaire* », non à l'instar d'un précurseur, depuis dépassé, mais comme l'auteur d'une « *philosophie de l'avenir* », jamais aussi actuelle qu'en cette fin de XXe siècle[19].

LÀ OÙ LE « *PREMIER SPINOZA* » ÉTAIT UN « *PROMOTEUR DE L'ORDRE DU CAPITALISME* », LE SECOND PARTICIPAIT DÉJÀ À LA « *FONDATION DU MATÉRIALISME RÉVOLUTIONNAIRE* ».

C'est dans l'*Anomalie sauvage*, sur sa fin, qu'apparaît le concept de multitude ; car tel aurait été le fin mot de Spinoza lui-même dans le *Traité politique*. La multitude (*multitudo*), qui avait toujours été considérée négativement, comme informe et incapable de se réformer, était en réalité la condition positive de l'autoconstitution (immanente) de la communauté politique, invalidant toute théorie (transcendante) du contrat social et de l'État bourgeois. *Via* cette réhabilitation, Spinoza se voyait indissociablement mis au service d'une critique de la catégorie de classe ouvrière, substituant à l'ouvrier-masse (indifférencié) l'ouvrier-social (singularisé) et impliquant la formation d'une nouvelle «*ontologie du commun*»; projet qui occupera Negri et les «négristes» au cours des décennies suivantes, dans un dialogue ininterrompu avec Spinoza – dont l'intéressé admet avoir toujours eu une «*conception instrumentale*[20]»: qu'il suffise ici de citer *Le Pouvoir constituant* et le recueil *Spinoza subversif* parus dans les années 1990, le colossal chantier entrepris avec Michael Hardt en 2000 avec la publication d'*Empire*, ou encore la fondation la même année de la revue *Multitudes* qui, dans son deuxième numéro, célébrait «L'événement Spinoza» en promettant d'y «*reven[ir] souvent avec ténacité*[21]».

La traduction française de *L'Anomalie sauvage* parut un an après l'original, assortie de préfaces signées par Deleuze, Macherey et Matheron. Il n'en fallait pas moins pour afficher un soutien politique inconditionnel à son auteur, toujours incarcéré. Deleuze aurait alors pu répéter ce qu'il avait affirmé en 1979 à propos de *Marx au-delà de Marx*: «*Ce livre est littéralement une preuve d'innocence*[22].» Cela n'empêcha bien sûr pas les amis français de Negri, Macherey en particulier[23], de soumettre son interprétation à un examen critique. Mais avec le recul, on peut considérer que le plus grand défi au Spinoza de Negri fut lancé par un autre ancien compagnon en althussérisme, Étienne Balibar, de manière d'autant plus surprenante que celui-ci soutient qu'à l'époque des faits, il n'avait pas encore lu *L'Anomalie sauvage*. Ce fut en 1982, lors d'un colloque international organisé à Urbino à l'occasion du 350e anniversaire de la naissance de Spinoza par Emilia Giancotti, autrice d'un savant *Lexicon Spinozanum*, et dont les affinités communistes n'auront pas peu contribué aux circulations internationales du spinozisme de gauche[24].

Balibar qui, lassé de «*professer le bachelardo-marxisme althussérien*», s'était lancé quelques années plus tôt dans l'étude et l'enseignement de Spinoza[25], y présenta un essai dont il y aura plusieurs moutures et que l'on connaît aujourd'hui sous le titre «Spinoza, l'anti-Orwell. La crainte des masses». Le concept de *multitudo* avait également retenu son attention. Soulignant sa plurivocité, il n'en privilégiait pas moins sa traduction par «*masse*». Ce que révélaient les deux traités politiques de Spinoza était l'ambivalence passionnelle des masses, leurs fluctuations incessantes, leur tendance à se muer en foules incontrôlables; mais c'était aussi l'ambivalence de Spinoza lui-même aux yeux duquel toute sédition, toute révolte de masse devait inévitablement aboutir au remplacement d'une tyrannie par une autre. S'il y avait une actualité de Spinoza, celle-ci ne résidait donc pas tant dans la préfiguration d'un devenir-révolutionnaire que dans l'inspiration qu'il pouvait fournir à une pensée des paradoxes de la démocratie à l'«âge des masses[26]».

Cependant, ce que partageaient *a minima* Negri et Balibar était une conscience aiguë de la nécessité d'un réexamen des apories de la tradition communiste dans laquelle, althussérisme compris, l'instance des masses avait fait figure de mot *mana*. Insister sur leur ambivalence permettait à Balibar d'échapper à la fois au reniement et à la dénégation, à l'alternative entre invocation mélancolique d'un âge d'or illusoire et relance maniaque d'un grand soir triomphal. C'est dans cette perspective qu'il allait relire le freudo-marxiste Wilhelm Reich (*La Psychologie de masse du fascisme*), retrouvant par là les préoccupations de Deleuze et Guattari qui, dans *L'Anti-Œdipe*, étaient revenus sur la séquence fasciste des années 1930 et y avaient identifié le problème central de la philosophie politique de Spinoza : pourquoi les hommes combattent-ils pour leur servitude comme s'il s'agissait de leur salut ?

Spinoza dans les sciences sociales : de nouveaux chantiers pour de nouvelles luttes ?

Si la fin des années 1960 avait marqué un retour à Spinoza, la fin de la décennie 1990 en initia incontestablement un second qui bénéficia à son tour d'un puissant ancrage universitaire. Il trouva son épicentre dans le séminaire entrepris à l'ENS Fontenay-Saint-Cloud par Pierre-François Moreau peu après la parution de sa thèse d'État *Spinoza. L'expérience et l'éternité* (1994), et dont Chantal Jaquet, Pascal Sévérac et Ariel Suhamy prirent bientôt, et jusqu'à ce jour, la relève. Quant au livre de Laurent Bove, *La Stratégie du conatus* (1996), il anticipa sur le déplacement, au début des années 2000, du spinozisme de gauche vers la logique spinozienne des affects. La circonférence de ce nouveau spinozisme est en revanche plus difficile à définir que celle de son prédécesseur et peut-être lui conviendrait mieux l'image du réseau numérique, lui-même repensé à partir de ce que Balibar, dans *Spinoza et la politique* (1985), entrevoyait comme une théorie de la communication généralisée. Dans la texture réticulaire et acentrée qu'aménage l'« *ordre géométrique* » de l'*Éthique*, avec son système de renvois entre propositions, démonstrations et scolies, certains se plaisent aujourd'hui à reconnaître une préfiguration des structures hypertextuelles que le World Wide Web nous a rendues familières.

Du colloque international « Spinoza aujourd'hui » organisé à Cerisy en 2002, certains participants[27] se souviennent comme d'un carrefour où se révéla une configuration inédite : aux philosophes s'associaient désormais un biologiste théoricien de l'auto-organisation des systèmes vivants (Henri Atlan), un économiste découvrant chez Spinoza la « *philosophie implicite de la théorie de la régulation*[28] » (Frédéric Lordon) ou encore un spécialiste de la littérature du XVIIIe siècle proche de la revue *Multitudes* (Citton). Il devenait clair que parier sans réserve sur la cohérence philosophique interne du système spinozien ne tarissait nullement sa fécondité dans d'autres champs. Citton et Lordon en firent le pari avec l'ouvrage collectif *Spinoza et les sciences sociales* (2008) qui se proposa de démontrer l'efficacité de la philosophie de Spinoza dans des domaines aussi divers, sinon antithétiques, que la théorie microsociologique de Gabriel Tarde (Citton) en dialogue avec la philosophie de Gilbert Simondon (Philippe Zarifian), la sociologie des champs de Bourdieu (Christian Lazzeri), l'approche régulationniste en économie monétaire (Lordon et André Orléan) et la microphysique foucaldienne du pouvoir (Sévérac et Aurélie Pfauwadel).

Au soupçon d'éclectisme, l'introduction du livre, en forme de manifeste, se chargeait de répondre en rassemblant les axiomes fédérateurs de ce « *devenir spinoziste des sciences sociales* » et en accentuant les frontières polémiques qu'il retraçait dans un champ de bataille intellectuel largement reconfiguré durant l'interrègne des années 1980-1990. Avec le mot d'ordre du « *retour de l'acteur* », la sociologie avait ressuscité l'antinomie abstraite entre autonomie des sujets et déterminisme des structures et vanté les mérites de l'individualisme méthodologique contre l'épouvantail « holiste » : l'anthropologie spinoziste réclamait quant à elle une pensée relationnelle et non substantielle du *transindividuel*, court-circuitant cette fausse alternative et remettant en cause « *et la souveraineté de l'*ego *et la souveraineté de l'État*[29] », comme le dit aujourd'hui Citton en se référant aux travaux de Brian Massumi. Une philosophie politique reconstituée sur la base d'un universalisme formaliste avait imposé l'agenda d'une « *rationalité communicationnelle* » qui garantirait le règne du consensus à des sociétés « *postdémocratiques* » ayant enfin pris acte des sombres complicités de l'utopie égalitaire et du totalitarisme ; l'éthique spinozienne introduisait de son côté une compréhension matérialiste de la production des normes, indissociable des rapports de puissance, et une conception de la communication ouverte à ses dimensions intellectuelles et passionnelles, sociotechniques et économiques, par où le spinozisme devenait compatible avec les nouvelles recherches sur le capitalisme cognitif à l'âge des forces « *immatérielles* ».

L'équilibre ne s'en montra pas moins difficile à tenir entre la rhétorique fédérative des convergences et la mise en jeu disparate d'un spinozisme ne prescrivant par avance nulle « *vision du monde social* » commune. Les lignes de forces du « *socio-spinozisme* » s'avéraient à haute tension. Le convecteur en était à nouveau le concept de *multitude* : Negri y avait condensé l'imaginaire démocratique radical dont l'ontologie spinoziste était porteuse ; Matheron, lui, en avait fait la pierre angulaire d'une modélisation de la genèse des institutions et de la souveraineté. L'un et l'autre entendaient résoudre, par deux voies diamétralement opposées, le problème de l'inachèvement du chapitre sur la démocratie à la fin du *Traité politique*. Si l'on voulait passer d'une perspective à l'autre, un supplément était requis. On en chercha un dans une métaphore biologico-politique transposant l'idée spinoziste de la substance comme « *cause de soi* » dans le langage des systèmes autoproductifs ou autopoïétiques[30]. On en trouva un autre dans l'idée de « *bouclages autotranscendants* » (Jean-Pierre Dupuy) inscrivant dans la dynamique des rapports sociaux « *la façon dont des mécanismes strictement immanents sont capables d'engendrer des effets qui dominent leurs propres producteurs* »[31].

Non sans paradoxe, le socio-spinozisme rejouait par la bande la problématique déployée par Feuerbach et le jeune Marx de la production des transcendances religieuses et politiques (Dieu et l'État) dans lesquelles les hommes aliènent leur puissance collective[32]. Lordon, qui avait signé dès 2001 un article dans *Actuel Marx* sous le titre « Le conatus du capital », poussa le paradoxe à son comble en s'essayant à une nouvelle « complémentation » critique de Marx par Spinoza et en s'attachant à formuler sous le nom de « *structuralisme des passions* » une dialectique de l'horizontalité (immanence) et de la verticalité (transcendance), des « *structures des affects* » et des structures « *macroéconomiques* »[33]. D'un côté, il souligna l'adéquation de l'économie spinoziste des affects aux formes de mobilisation salariale des passions joyeuses à l'âge postfordiste, la ruse de la raison néolibérale réalisant l'idéal spinozien de gouvernement : « *Conduire les hommes de façon telle qu'ils aient le sentiment, non pas d'être conduits, mais de vivre selon leur complexion et leur libre décret*[34]. » De l'autre, il confia aux mécanismes de l'*indignatio* et de la sédition la genèse d'un contre-pouvoir antagonique inséparable de la formation d'une nouvelle économie du désir[35], comme l'avaient naguère suggéré Deleuze et Guattari en réclamant un « *spinozisme de l'inconscient*[36] ».

Érigé presque malgré lui en intellectuel organique de l'inorganique mouvement Nuit debout en 2015, Lordon y fit à l'occasion l'éloge du documentaire de François Ruffin *Merci Patron !* pour sa capacité à susciter des passions joyeuses s'opposant à toute forme de misérabilisme. Il invoquait à cette fin l'axiome spinoziste selon lequel des désirs ne peuvent être contrariés ou détruits que par d'autres désirs au moins aussi puissants qu'eux. Le fait que Lordon soit le seul à avoir tenté un réel branchement de la pensée spinozienne sur les luttes sociales actuelles – si l'on met de côté le *topos* pseudo-spinoziste de la lutte comme affirmation joyeuse – tend néanmoins à montrer qu'entre les deux Spinoza, celui qui nous fournit un arsenal analytique-critique apte à disséquer les rouages affectivo-institutionnels du néolibéralisme, et celui qui nous invite(rait) à la résistance et à la révolte, il y a encore un gouffre.

Retour à l'anthropologie, fin du spinozisme de gauche ?

En conclusion, reste à voir comment cet écart, à défaut d'être résorbé, continue de susciter de nouvelles lignes d'investigation dont pourraient se saisir les pensées de l'émancipation. Tandis que l'axiome de la « puissance de la multitude » semble redevenir le nom d'un problème plutôt que celui d'une solution, se voit relancée la question, que la plupart des variantes de l'antihumanisme théorique avaient supposée close, du statut de l'anthropologie philosophique dans la théorie critique. Les spinozistes de gauche de la première heure s'étaient évertués à chercher chez Spinoza une philosophie pour le marxisme ; désormais, aux yeux de quelqu'un comme Lordon, la tâche est de reconstituer, avec Spinoza, l'« *anthropologie manquante de Marx*[37] ».

« *Le marxisme, et Marx lui-même,* nous dit Balibar, *s'étaient tenus à la conviction que la*

LES SPINOZISTES DE GAUCHE DE LA PREMIÈRE HEURE S'ÉTAIENT ÉVERTUÉS À CHERCHER CHEZ SPINOZA UNE PHILOSOPHIE POUR LE MARXISME ; DÉSORMAIS, AUX YEUX DE QUELQU'UN COMME LORDON, LA TÂCHE EST DE RECONSTITUER, AVEC SPINOZA, L'« *ANTHROPOLOGIE MANQUANTE DE MARX* ».

"critique de la religion" était acquise. Rien n'est aujourd'hui moins sûr[38]. » André Tosel, qui avait signé en 1984 un essai sur le *Traité théologico-politique* (*Spinoza ou le Crépuscule de la servitude*), a consacré ses dernières années à rouvrir cette question en vue d'analyser le « *retour du religieux* » sur les scènes nationale et internationale. Contre les réductionnismes symétriques de l'économisme et du culturalisme, la philosophie spinozienne devait de nouveau être mobilisée afin d'interroger les puissances ambivalentes du religieux dans la vie intellectuelle, imaginative et affective. D'autres se tournent aujourd'hui vers le rôle, dans la genèse de la pensée de Spinoza, des débats avec les scolastiques médiévales chrétienne, juive et arabe[39]. C'est enfin le problème de la judéité de Spinoza qui est réinvesti : contre la charge de trahison que des intellectuels juifs, trouvant en Jean-Claude Milner leur dernier « prophète », ont fait peser depuis au moins un siècle sur Spinoza, Ivan Segré s'attache à réinscrire son rationalisme intégral, « *hors la Loi* » dans une tradition révolutionnaire selon laquelle le « *nom Juif* » et le « *nom ouvrier* », loin de s'exclure, étaient « *comme un* »[40]. Pour Segré, qui soutient qu'il existe trois types de lecture du Spinoza politique, « *révolutionnaire, conservatrice et libérale* », le problème fondamental, et ô combien actuel, que nous a légué le philosophe est celui de l'invention d'un « *collectif qui ne soit plus sous l'empire de la crainte, passion triste par définition*[41] ».

Plus généralement, observe Moreau[42], la vitalité actuelle des recherches sur Spinoza vient moins d'études systématiques que d'un questionnement critique sur ce qu'une « *anthropologie non humaniste* » peut apporter à l'analyse de l'historicité des formes de vie individuelles et collectives. En témoignent une série de travaux récents : sur les concepts, que l'on tend à ne plus traduire, d'*ingenium* et d'*imperium* et ce qu'ils révèlent des contradictions des formations nationales ou nationalitaires (Lordon) ; sur les notions de devenir, d'activité ou de disposition, conduisant à réévaluer le rôle de la contingence et de l'événement dans l'éthique spinozienne (Sévérac, Jacques-Louis Lantoine, Julie Henry) ; ou encore sur les ressources que fournit la philosophie de Spinoza pour repenser une pédagogie émancipatrice héritière de Vygotski (Sévérac) et réinterroger la place de l'enfance dans la pensée politique de Spinoza, comme l'avait déjà fait François Zourabichvili dans *Le Conservatisme paradoxal de Spinoza* (2002). Par des biais différents, certains renouent avec l'axiome que Deleuze avait mis au cœur de l'anthropologie spinoziste : la puissance s'exprime dans un « *pouvoir d'affecter* », mais aussi dans un « *pouvoir d'être affecté* », les problèmes éthiques et politiques ne pouvant donc surgir et se résoudre que dans une zone d'indiscernabilité entre l'activité et la passivité, l'autonomie et l'hétéronomie.

On comprend que le Spinoza contemporain ne puisse rester étranger aux débats en cours qui, entre luttes écologiques, indigènes et paysannes, tentent de transgresser les frontières de l'empire anthropo/sociocentrique afin de penser les rapports entre les mondes humains et non humains. Le recours à Spinoza dans la pensée écologiste n'est pourtant pas nouveau : dès 1977, le père de la *deep ecology*, Arne Næss, s'en réclamait pour considérer la vie humaine comme dénuée de privilège ontologique vis-à-vis des autres êtres composant l'écosystème global[43]. À un tel *greenwashing*, bien des points de la doctrine spinoziste résistaient néanmoins. En refusant de penser la nature en termes d'ordre ou de désordre et en plaçant au cœur des logiques socio-passionnelles un mécanisme d'« imitation des affects », Spinoza rejetait toute possibilité d'une communauté affective, fût-elle imaginaire, entre les hommes et les animaux. Faisant de la puissance du *conatus*, c'est-à-dire, chez l'homme du désir, la mesure du droit naturel, il promouvait un utilitarisme, original sans doute, mais qui n'en reconduisait pas moins un droit souverain des humains à s'approprier tous les autres êtres naturels en fonction de leur intérêt propre… bien que celui-ci puisse également les inciter à conserver la nature afin de se conserver eux-mêmes. La *deep ecology* signalait ainsi un retour au Spinoza panthéiste – tous les corps sont l'expression d'une et seule puissance infinie – en le purgeant des conséquences anthropocentriques que Spinoza lui-même avait pu en tirer. Des recherches récentes montrent que le débat n'est pas clos et qu'en levant les bornes imaginaires limitant l'« *imitation des affects* » à l'identification des « *semblables* », la logique spinoziste pourrait s'engager dans le champ des connexions trans-spécifiques entre humains et non-humains que documente l'anthropologie contemporaine[44].

Nous voilà revenus à notre point de départ : le constat de la dissémination de la référence à Spinoza dans une multiplicité de champs théoriques et critiques, autorisant des usages locaux sélectifs et stratégiques de sa pensée. Dans ce contexte, se demander s'il y a encore *un* spinozisme de gauche ne semble avoir guère plus de sens que n'en a jamais eu la question de savoir si Spinoza lui-même, homme du XVIIe siècle, était de gauche. Nous ne brillerons pas par notre originalité en soulignant qu'une telle dispersion est aujourd'hui celle de la gauche elle-même et qu'il est devenu impossible de faire de cette dernière une « constante » en fonction de laquelle on pourrait jauger la position de la « variable » spinoziste sur l'échiquier politique. À l'heure de la décomposition et des recompositions de la gauche, l'enjeu est sans doute moins de déterminer si le spinozisme est « de gauche » que d'évaluer dans quelle mesure la gauche est « spinoziste » et ce qu'elle gagnerait ou perdrait à l'être davantage ; et cela du point de vue non seulement de ses idées ou de son idéologie mais aussi, parallélisme spinozien oblige, de ses modes d'existence et d'organisation comme corps et comme ensemble de corps, « *convenants* » ou convergents sous certains aspects, « *disconvenants* » ou divergents sous d'autres : le spinozisme comme analyseur des pratiques militantes, tout un programme.

1. *Le Magazine littéraire*, « Spécial Spinoza », novembre-décembre 2017, n° 585-586, p. 84, 88-89.
2. A. Schopenhauer, *Le Monde comme volonté et comme représentation*, PUF, Paris, 2004, p. 539.
3. Entretien avec Yves Citton, 30 novembre 2017.
4. S. Žižek, *Organes sans corps*, Éditions Amsterdam, Paris, 2008.
5. Entretien avec Pierre Macherey, 26 octobre 2017.
6. A. Tosel, « Pour une étude systématique du rapport de Marx à Spinoza », *in* A. Tosel, P.-F. Moreau et J. Salem (dir.), *Spinoza au* XIXe *siècle*, Publications de la Sorbonne, Paris, 2007, p. 127-147.
7. G. Kline (dir.), *Spinoza in Soviet Philosophy*, Routledge/Kegan Paul, Londres, 1952.
8. A. Kojève, *Introduction à la lecture de Hegel*, Gallimard, Paris, 1989, p. 351, 354.
9. J.-T. Desanti, *Introduction à l'histoire de la philosophie*, PUF, Paris, 2006.
10. « À propos de Spinoza. Entretien entre Alexandre Matheron, Laurent Bove et Pierre-François Moreau », *Multitudes*, n° 3, novembre 2000, <www.multitudes.net/A-propos-de-Spinoza/>.
11. Entretien avec Pierre-François Moreau, 8 février 2018.
12. L. Althusser, « *Éléments d'autocritique* », in *Solitude de Machiavel*, PUF, Paris, 1995, p. 181.
13. L. Althusser, É. Balibar, R. Establet, P. Macherey et J. Rancière, *Lire le Capital*, PUF, Paris, 1996, p. 288.
14. L. Althusser, « Éléments d'autocritique » *in Solitude de Machiavel*, *op. cit.*, p. 183.
15. Entretien avec Pierre Macherey, 26 octobre 2017.
16. *Ibid.*
17. Entretien avec Antonio Negri, 16 janvier 2018.
18. *Ibid.*
19. A. Negri, *L'Anomalie sauvage. Puissance et pouvoir chez Spinoza*, PUF, Paris, 1982 (1981), p. 39.
20. Entretien avec Antonio Negri, 16 janvier 2018.
21. J. Ceccaldi, « L'événement Spinoza », *Multitudes*, n° 2, mai 2000, <www.multitudes.net/L-evenement-Spinoza/>.
22. G. Deleuze, « Ce livre est littéralement une preuve d'innocence », *in Deux régimes de fous*, Éditions de Minuit, Paris, 2003, p. 160-161.
23. P. Macherey, « Negri : de la médiation à la constitution », *in Avec Spinoza*, PUF, Paris, 1992, p. 245-270.
24. Entretien avec Étienne Balibar, 12 janvier 2018.
25. *Ibid.*
26. É. Balibar, « Spinoza, l'anti-Orwell. La crainte des masses », *in La Crainte des masses*, Galilée, Paris, 1997, p. 58.
27. Entretien avec Yves Citton, 30 novembre 2017 ; entretien avec Frédéric Lordon, 14 décembre 2017.
28. Entretien avec Frédéric Lordon, 14 décembre 2017.
29. Entretien avec Yves Citton, 30 novembre 2017.
30. Y. Citton, *L'Envers de la liberté. L'invention d'un imaginaire spinoziste dans la France des Lumières*, Éditions Amsterdam, Paris, 2006.
31. Y. Citton et F. Lordon (dir.), *Spinoza et les sciences sociales*, Éditions Amsterdam, Paris, 2008, p. 51.
32. F. Fischbach, *La Production des hommes. Marx avec Spinoza*, PUF, Paris, 2014.
33. Entretien avec Frédéric Lordon, 14 décembre 2017.
34. F. Lordon, *Capitalime, désir et servitude. Marx et Spinoza*, La Fabrique, Paris, 2010.
35. F. Lordon, *La Société des affects*, Seuil, Paris, 2013.
36. G. Deleuze et F. Guattari, *L'Anti-Œdipe*, Éditions de Minuit, Paris, 1972.
37. Entretien avec Frédéric Lordon, 14 décembre 2017.
38. Entretien avec Étienne Balibar, 12 janvier 2018.
39. Y. Djedi, « Spinoza et l'islam », *Philosophiques*, vol. 37, n° 2, 2010, p. 275-298.
40. I. Segré, *Le Manteau de Spinoza*, La Fabrique, Paris, 2014.
41. Entretien avec Ivan Segré, 7 décembre 2017.
42. Entretien avec Pierre-François Moreau, 8 février 2018.
43. E. de Jonge, *Spinoza and Deep Ecology*, Ashgate, Aldershot/Burlington, 2004.
44. E. Viveiros de Castro, *Métaphysiques cannibales*, PUF, Paris, 2009.

43 € • 1 AN • 3 NUMÉROS

REVUE DU CRIEUR
BULLETIN D'ABONNEMENT

Je m'abonne pour 1 an (3 numéros)
à la REVUE DU CRIEUR à partir du numéro .....

Nom* ....
Prénom* ....
Établissement* ....
Adresse *..
....
Code postal* .... Ville* ....
Pays* ....
E-mail ....
Tél. .... Fax ....

*mentions obligatoires

- **Particuliers**

☐ France et Dom-Tom 43 € ☐ UE et Suisse 46 €
☐ Autres pays 50 €

- **Institutionnels**

☐ France et Dom-Tom 45 € ☐ UE et Suisse 49 €
☐ Autres pays 53 €

Prix en vigueur à compter du **1er juillet 2015**, port compris.

Ci-joint mon règlement :
☐ Chèque libellé à l'ordre de : **Elsevier Masson**
☐ Mandat-lettre
☐ Carte bancaire (Carte bleue, Visa et Master-Eurocard uniquement) :
Numéro de carte :
Date de validité : Signature :

Votre commande ne vous sera envoyée qu'après réception de votre paiement.

Bulletin à retourner à :
Revue du crieur
Elsevier Masson SAS, service abonnements
65, rue Camille-Desmoulins
92442 Issy-les-Moulineaux Cedex

Conformément à la loi Informatique et liberté du 8 janvier 1978 modifiée, ces informations peuvent donner lieu à l'exercice du droit d'accès et de rectification, d'opposition et de suppression des données vous concernant à l'adresse suivante : Elsevier Masson, Service abonnements, 65 rue Camille-Desmoulins, 92442 Issy-les-Moulineaux Cedex.

Cochez la case si vous souhaitez recevoir des informations ou offres de la part
- des Éditions La Découverte ☐ *- de Mediapart* ☐

Vous disposez d'un délai de 14 jours à compter de la réception de vos abonnements pour exercer votre droit de rétractation auprès de Elsevier Masson.

PROCHAIN NUMÉRO
OCTOBRE 2018

Directeurs :
Stéphanie Chevrier, Edwy Plenel

Rédacteurs en chef :
Joseph Confavreux, Rémy Toulouse

Suivi d'édition :
Valentine Dervaux

Création graphique :
Agnès Dahan Studio
Agnès Dahan, avec Corentin Perrichot

Direction de la publication :
Stéphanie Chevrier

Retrouvez la *Revue du Crieur* sur Facebook et Twitter.

ISBN : 978-2 -348-03610-1
ISSN : 2428-4068

Diffusion Volumen/Interforum

Achevé d'imprimer sur les presses de l'imprimerie Loire Offset, à Saint-Étienne.

Dépôt légal : juin 2018

N° d'impression : 201805.0971

Imprimé en France

MEDIAPART
8, passage Brulon
75012 Paris

La Découverte
9 bis, rue Abel Hovelacque
75013 Paris

FSC www.fsc.org MIXTE Papier issu de sources responsables FSC® C003309

La *Revue du crieur* est imprimée sur du papier issu de forêts gérées de manière responsable.